口语从头学系列

赖世雄
发音从头学

赖世雄 吴纪维 著

PRACTICAL ENGLISH SERIES
ENGLISH PRONUNCIATION

CnS PUBLISHING & MEDIA
湖南文艺出版社
HUNAN LITERATURE AND ART PUBLISHING HOUSE
博集天卷
CS-BOOKY

图书在版编目（CIP）数据

发音从头学 / 赖世雄, 吴纪维著. -- 长沙 : 湖南文艺出版社, 2016.10
ISBN 978-7-5404-7725-7

Ⅰ. ①发… Ⅱ. ①赖… ②吴… Ⅲ. ①英语—发音—自学参考资料 Ⅳ. ①H311

中国版本图书馆CIP数据核字（2016）第189257号

上架建议：英语学习

FAYIN CONG TOU XUE
发音从头学

作　　者：赖世雄　吴纪维
出 版 人：曾赛丰
责任编辑：薛　健　刘诗哲
监　　制：蔡明菲　潘　良
特约策划：马冬冬　刘　筝
特约编辑：常春藤中外编辑群
营销支持：李　群　张锦涵
封面设计：刘红刚
出版发行：湖南文艺出版社
（长沙市雨花区东二环一段 508 号　邮编：410014）
网　　址：www.hnwy.net
印　　刷：北京尚唐印刷包装有限公司
经　　销：新华书店
开　　本：880mm × 1270mm　1/32
字　　数：135 千字
印　　张：5.75
版　　次：2016 年 10 月第 1 版
印　　次：2016 年 10 月第 1 次印刷
书　　号：ISBN 978-7-5404-7725-7
定　　价：35.00 元

质量监督电话：010-59096394
团购电话：010-59320018

前言 Introduction

有鉴于“赖世雄美语从头学”系列丛书已经突破百万销售量，并嘉惠了海峡两岸上亿读者，我们特此推出“赖世雄口语从头学”系列丛书，期望帮助所有英语学习者打破哑巴英语的窘境。

能说出一口流利的英语一直以来是许多人的梦想，然而，我们从小开始学习英语直至大学毕业，所学的英语知识有时却还是无法让我们真正开口说英语。就像是“这里吃还是外带？”我们可能不知道原来这句话的英语是"For here or to go?"因此，我们特别筹划了“赖世雄口语从头学”这一系列丛书，相较于市面上有些口语书对话内容过长过难，我们的口语书强调简洁明了，容易背诵运用。这一系列丛书包括《发音从头学》《社交口语从头学》《生活口语从头学》《旅游口语从头学》《留学口语从头学》及《职场口语从头学》六本书，学完此一系列丛书势必能让你与外国人交谈时分分秒秒不尴尬。

在学习口语方面，我非常强调“听”和“说”的重要性，看看英语母语人士的文盲，他们听得懂并且能直接说出来，而没有经过识字的阶段。这点告诉我们，在学习口语的路上，最重要的是选对老师和教材来进行“听”和“说”的训练。而国人却往往在这两部分所花的心力较少，可能是因为害羞或没有说英语的环境而少有练习机会。

针对此问题，我们这套书除了有“精美图解辞典”、“简单实用场景对话”、“详尽单词解析” 和“情境实用句”之外，另外附赠地道美语发音音频及每一本书的章节导读，并可进入我们常春藤英语集团的免费微信口语群（登录 www.ivytw.com 并扫码获邀入群），让你在学习的路上不孤单。在此预祝大家学习顺利。

常春藤英语集团创办人

赖世雄

序言 Preface

浅谈如何学习英语口语

如果掌握到诀窍，学习英语口语其实很有趣。当你发现你能利用所学知识说出一口地道的英语，那种成就感往往就是坚持下去的动力。

英语学习的过程中要遵循“少就是多、慢就是快”的原则，坚持每天练习一个单元，勤查字典，了解句意和字词用法，利用零星时间一遍遍地重复朗诵，英语口语其实一点都不难。

本系列口语书的正确使用方法：

1. 泛听

每一个新单元都先播放两遍，测试自己能听懂多少内容。

2. 看着文本听

第三遍看着英文文本搭配外教音频，目的是要让你能结合平面的文字与立体的声音。此时可以小声地跟读，但是重点还是要听母语人士的发音。

3. 看着中文听

很多人觉得口语书的对话太简单了，所以无需看中文，其实中文译文部分可以拿来作中英互译训练使用，这对日后的日常交流会起到非常大的作用，毕竟我们是以中文为母语的人士。

4. 精听

这一步是要强化对声音的记忆，此阶段的精听可以在任何时间、任何地点进行，例如排队和等待搭车等任何闲暇时间。

5. 跟读练习

接着就是直接开口跟读，但是务必不要看着文本念，国人习惯依赖课本，当课本盖起来后就不敢念了，其实把课本盖上后去想怎么说才是最重要的步骤。

6. 一人分饰两角

最后可以一人分饰两角，自己把对话练习出来，可以训练对话思维。这么做有助于日后轻易说出流利的英语。注意，不一定要一字不漏地背出对话，而是要真正地融会贯通。

综合以上方法，我相信要说出一口流利的英语并不是梦想。只有借由不断地模仿和练习，你才能掌握英语口语的诀窍。让我们打破哑巴英语，说国际的语言、听世界的声音。在接下来的时间里，你除了可以参加常春藤的免费口语群之外，我们也会相继推出配套的网上教学，让大家更有效地掌握英语口语！

常春藤英语集团教学总监

Johnny 吴纪维

阅读说明 User's Guide

《发音从头学》是专为英语初学者以及想系统学习音标的人士所编写的，包含赖老师的弟子 Johnny 老师所精心录制的音标发音视频以及单词对比发音视频，以供初学者以视频跟读的方式直观地学习音标的发音。本书将从 26 个字母的正确发音开始，涉及元音、辅音、特殊发音的教读，再到轻读与重读原则、停顿原则的详细讲解，以及附录中搜集的练就正确发音对比练习卡。本书是零基础人士学习英语的入门书，只需认真地跟随 Johnny 老师学完本书，即可为您今后的英语学习打下坚实的基础。

1 第一个板块

音标的嘴形图、发音口腔内部图、Johnny 老师示范视频以及此发音常见字母组合。从嘴形、口腔内部图加上 Johnny 老师的视频讲解，多方面多角度让您掌握各音标的正确发音；常见字母组合让您更方便地建立发音与单词拼写的联系，也就是自然拼读的基本概念。

单元音 [i] 常见字母组合：ee，ea，ie，ei，ey

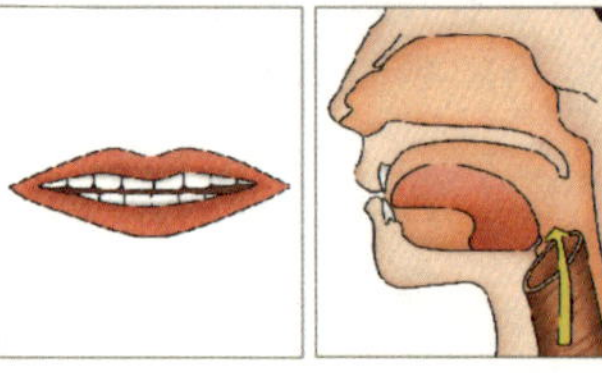
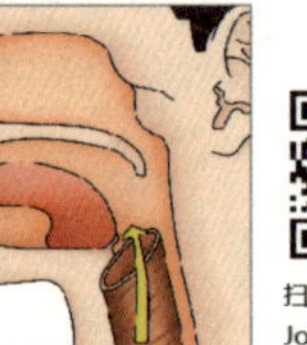

扫描二维码跟着
Johnny 老师练习

2 第二个板块

发音技巧。仔细解析各音标发音技巧，让您快速掌握正确发音。

发音技巧 | Pronunciation

发此音时，上下唇微开，上下齿分开，舌尖稍微抵住下齿，嘴角尽量往两旁咧开，像微笑的样子，然后振动声带。

3 第三个板块

特别提醒。提示各音标发音时需要特别注意的地方，让您准确掌握发音技巧。

特别提醒 | Tips

[i] 的发音类似汉字里“易”的读音，但是声音需要拉长些。

第四个板块

开口读。详细列举各音标示范单词以及句子，并配有外教朗读的英文音频以供练习使用。

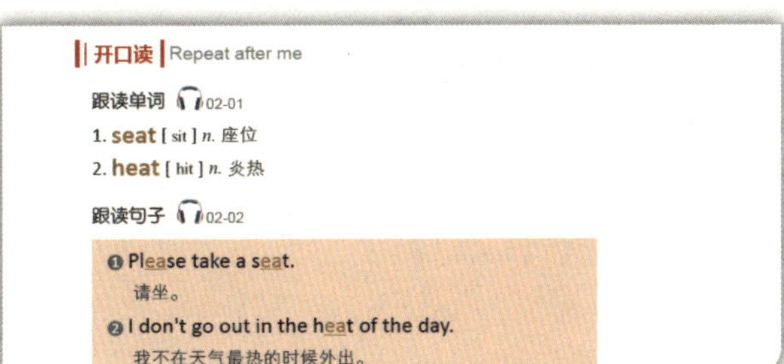

开口读 Repeat after me

跟读单词 02-01

1. **seat** [sit] *n.* 座位
2. **heat** [hit] *n.* 炎热

跟读句子 02-02

❶ Please take a seat.
请坐。

❷ I don't go out in the heat of the day.
我不在天气最热的时候外出。

发音比较 Compare

扫描二维码跟着 Johnny 老师练习

[e] 与 [ɛ] 的发音比较

再次比较 [e] 与 [ɛ] 的发音。扫一扫二维码，看看老师念这两个音标时嘴型的差异。

waiter [ˈwetɚ] *n.* 服务员

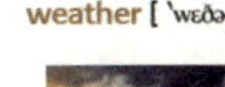

weather [ˈwɛðɚ] *n.* 天气

plate [plet] *n.* 盘子

pegs [pɛgs] *n.* 木钉

5 第五个板块

发音比较。详细列举易混淆音标的发音对比，并配有 Johnny 老师的朗读视频讲解，以供对比练习使用。

6 第六个板块

发音练习。详细列举常见的发音规则，并配外教的朗读音频，以供强化练习使用。

发音练习 Practice 02-18

[ɑr] 的音标多出现在含有字母 "ar" 的英语单词中，故在此多列举一些让大家练习。记得尾音要卷舌喔。

[ɑr]
car [kɑr] *n.* 汽车
Mars [mɑrz] *n.* 火星
artist [ˈɑrtɪst] *n.* 艺术家
dart [dɑrt] *n.* 飞镖

本书的所有音频可以扫描本页右下角的二维码，进入我们常春藤英语集团的免费下载中心进行下载。

目录 Contents

Chapter 3 辅音的正确发音

Chapter 1

26 个字母的正确发音

26个字母的正确发音

1. 学习字母的读法是英语发音的第一步，想要学好英文发音，需要从字母发音开始。

2. 所有的英文字母的发音都是第四声。

3. 下面我们来看一下国人常犯错误的读法：

英文字母	Aa	Bb	Cc	Dd
中文错误发音	诶	逼	西	滴
英文字母	Ee	Ff	Gg	Hh
中文错误发音	衣	诶辅	机/居	矮去/诶吃
英文字母	Ii	Jj	Kk	Ll
中文错误发音	挨	接	开	诶罗
英文字母	Mm	Nn	Oo	Pp
中文错误发音	诶姆	恩	凹	劈
英文字母	Qq	Rr	Ss	Tt
中文错误发音	抠	阿鲁	诶死	踢
英文字母	Uu	Vv	Ww	Xx
中文错误发音	优	微	大不溜	诶克死
英文字母	Yy	Zz		
中文错误发音	歪	贼		

4. 把自己想象成新生儿，跟着老师练好每个字母的正确发音，请注意老师的嘴形，跟着老师把每个字母的发音夸大：

扫描二维码跟着
Johnny 老师练习

Aa	Bb	*Cc	Dd	Ee	*Ff
*Gg	*Hh	Ii	*Jj	Kk	*Ll
*Mm	*Nn	Oo	Pp	Qq	*Rr
Ss	Tt	Uu	*Vv	*Ww	Xx
Yy	Zz				

* 表示需要特别注意这几个字母的发音。

5. 需要反复练习的字母发音：

Cc Ff Gg Hh Jj

Ll Mm Nn Rr Vv

Ww

Chapter 2

元音的正确发音 Vowels

元音又称母音，是英文发音的基础音，前面所学到的英文字母的发音几乎都含有元音。所有的元音的发音都需要张开嘴振动声带。

作为发音的基本元素，元音一共有下列 24 个：

[i] [ɪ] [e] [ɛ] [æ] [ɑ] [ɑr] [o] [ɔ] [ɔɪ]
[ɔr] [u] [ʊ] [ʊr] [aɪ] [aʊ] [ʌ] [ə] [ɝ] [ɚ]
[ɛr] [ɪr] [ɪə] [iə]

Unit 1

单元音 [i] 常见字母组合：ee，ea，ie，ei，ey

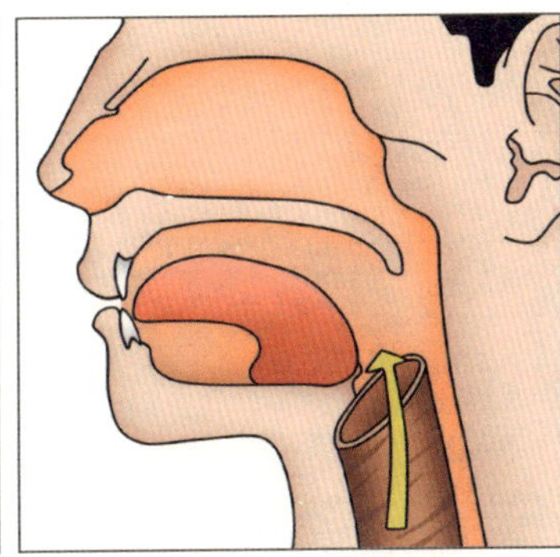

扫描二维码跟着 Johnny 老师练习

发音技巧 Pronunciation

发此音时，上下唇微开，上下齿分开，舌尖稍微抵住下齿，嘴角尽量往两旁咧开，像微笑的样子，然后振动声带。

特别提醒 Tips

[i] 的发音类似汉字里“易”的读音，但是声音需要拉长些。

开口读 Repeat after me

跟读单词 02-01

1. **seat** [sit] *n.* 座位
2. **heat** [hit] *n.* 炎热
3. **feed** [fid] *vt.* 喂
4. **key** [ki] *n.* 钥匙；关键
5. **ceiling** [ˈsilɪŋ] *n.* 天花板
6. **relief** [rɪˈlif] *n.* 宽慰，解脱

跟读句子 02-02

❶ Please take a seat.
请坐。

❷ I don't go out in the heat of the day.
我不在天气最热的时候外出。

❸ Can you help me feed the dog?
你可以帮我喂狗吗？

❹ Hard work is the key to success.
努力是成功的关键。

❺ Henry is staring at the ceiling.
亨利正盯着天花板看。

❻ What a relief!
真是让人松了一口气！

单元音 [ɪ] 常见字母组合：i，e，a，y

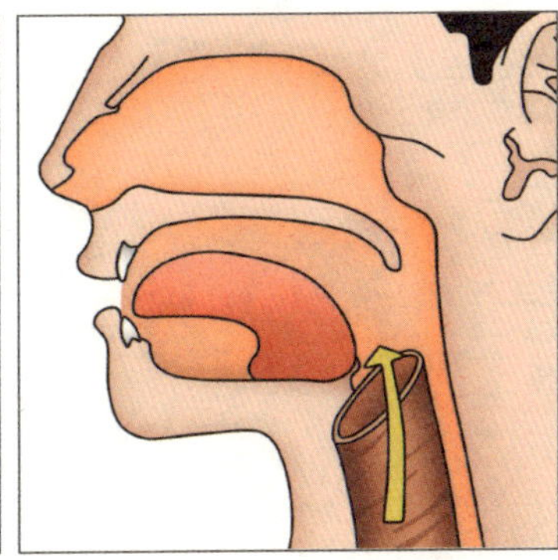

扫描二维码跟着
Johnny 老师练习

发音技巧 Pronunciation

这个元音音标的发音介于汉语“易”与“夜”之间。由于汉语并无此音，因此发音极为困难。请参照下列发音要诀，仔细观察老师的嘴形：

发此音时，上下唇及上下齿要比发 [i] 时微开，双唇扁平，嘴角两旁肌肉要比发 [i] 时略为放松，舌尖稍稍抵住下齿，振动声带。发出来的声音颇像在军训喊口令时的“一、二、一”中的“一”的声音。

开口读 Repeat after me

跟读单词 02-03

1. **sit** [sɪt] *vi.* 坐
2. **pig** [pɪg] *n.* 猪 & *vi.* 大吃特吃
3. **big** [bɪg] *a.* 大的
4. **give** [gɪv] *vt.* 给予
5. **bit** [bɪt] *n.* 有点儿
6. **fit** [fɪt] *vi.* & *n.* 合身

跟读句子 02-04

❶ Just sit still.
坐着别动。

❷ Let's go pig out.
咱们去大吃一顿吧。

❸ I'm a big fan of Jay Chow.
我是周杰伦的头号粉丝。

❹ Let's give him a big hand.
咱们为他掌声鼓励吧。

❺ These pants are a bit tight.
这条长裤有一点儿紧。

❻ The new sweater was a tight fit.
这件新毛衣很贴身。

发音比较 Compare

扫描二维码跟着 Johnny 老师练习

[iː] 与 [ɪ] 的发音比较

[iː] 的发音细长，是长元音，嘴形较扁平，嘴角尽量往两边移动。

[ɪ] 的发音短促，是短元音，嘴形较开，发出来的声音颇像在军训喊口令时的"一、二、一"中的"一"的声音。

seat [sit] *n.* 座位

heat [hit] *n.* 热；炎热

meat [mit] *n.* 肉

sit [sɪt] *vi.* 坐下

hit [hɪt] *vi.* 打

mitt [mɪt] *n.* 棒球手套

特别提醒 Tips

1. [ɪ] 在下列情况要发 [i] 的音： 02-05

只要有两个音节以上的词，字尾有 [ɪ] 的音标时，均要念成 [i]，而非 [ɪ]。新版的字典多已注意到这点。

字典列出的音标	实际的念法
city [ˈsɪtɪ] *n.* 城市	[ˈsɪti]
sleepy [ˈslipɪ] *a.* 困倦的	[ˈslipi]
Cindy [ˈsɪndɪ] *n.* 辛迪（女孩名）	[ˈsɪndi]

2.何为音节（syllable）？ 02-06

音节必须含有元音及辅音。一个英文单词若含有一个元音，便算是一个音节，若含有两个元音，便算是两个音节，以此类推。

a）. 含有 1 个音节的单词

sit [sɪt] *vi.* 坐

meat [mit] *n.* 肉

lid [lɪd] *n.* 盖子

b）. 含有 2 个音节的单词

weekly [ˋwiklɪ] *a.* 每周的

indeed [ɪnˋdid] *adv.* 的确

reading [ˋridɪŋ] *n.* 阅读

meaning [ˋminɪŋ] *n.* 含义

c）. 含有 3 个音节的单词

excellent [ˋɛksələnt] *a.* 卓越的

popular [ˋpɑpjələ˞] *a.* 流行的

everyday [ˋɛvrɪde] *a.* 每天的

d）. 含有 4 个音节的单词

independent [ˏɪndɪˋpɛndənt] *a.* 独立的

dictionary [ˋdɪkʃəˏnɛrɪ] *n.* 字典

watermelon [ˋwɔtə˞ˏmɛlən] *n.* 西瓜

e）. 含有 5 个音节的单词

electricity [ɪˏlɛkˋtrɪsətɪ] *n.* 电

creativity [ˏkrieˋtɪvətɪ] *n.* 创造力

vocabulary [vəˋkæbjəlɛrɪ] *n.* 词汇

3.何为重音（accent）？

扫描二维码跟着
Johnny 老师练习

a）. 两个音节以上的单词就有重音符号 [ˋ]，凡音节上有此符号时，该音节就发重音。请扫描二维码，跟着老师一起看下列各单词的念法：

单词	音标	定义
relief	[rɪˋlif]	宽慰，解脱
teacher	[ˋtitʃɚ]	老师
ceiling	[ˋsilɪŋ]	天花板
everyday	[ˋɛvrɪde]	每天的

b）. 四个音节以上的词（包括一些三音节词）多会有两个重音符号出现，除第一重音符号 [ˋ]（亦称主重音符号）外，还有第二重音符号 [ˏ]，此符号亦称次重音符号。请扫描二维码，跟着老师一起看下列各单词的念法：

单词	音标	定义
electricity	[ɪˏlɛkˋtrɪsətɪ]	电
creativity	[ˏkrieˋtɪvətɪ]	创造力

c）. 一些复合形容词的重音原则如下：
如果第一个词是名词，重音在第一个词上；
如果第一个词是形容词，那么重音放在后面那个词上。

单词	音标	定义
time-consuming	[ˋtaɪmkənˏsumɪŋ]	耗时的
bad-tempered	[ˏbædˋtɛmpɚd]	脾气不好的

Unit 2

双元音［e］ 常见字母组合：a，ai，ei，ea，ay

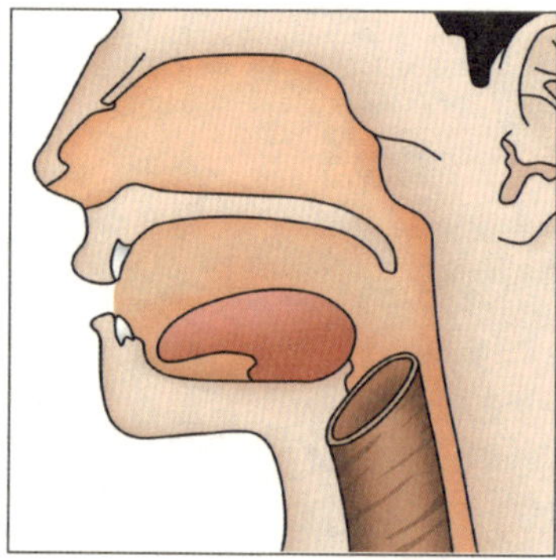

扫描二维码跟着
Johnny 老师练习

发音技巧 Pronunciation

本音标符号明明是一个符号，为何却被称为双元音呢？原来［e］是由两个单元音［ɛ］及［ɪ］结合而成的。故发［e］音的时候，先发［ɛ］的音，再发［ɪ］的音，中间不停顿，一气呵成。发出的音类似汉语拼音“ei”的发音。

开口读 Repeat after me

跟读单词 02-07

注意：a, ay, ea, ai, ey 都有可能念成长音 [e]，念此音时必须在念完 [ε] 的音之后再加上“衣”的音。我们来看以下练习。

1. **plane** [plen] *n.* 飞机
2. **play** [ple] *vt.* 弹奏（乐器）
3. **break** [brek] *n.* 休息
4. **plain** [plen] *n.* 平原 & *a.* 明显的
5. **grey** [gre] *a.* 灰色的 & *n.* 灰色

跟读句子 02-08

① The plane is about to take off in an hour.
飞机在一小时后即将起飞。

② I practice playing the piano every day.
我习惯每天练习弹钢琴。

③ Let's take a break for five minutes.
咱们休息五分钟。

④ The boss made it plain that we should get the job done asap.
老板明确表示要我们尽快把工作完成。

⑤ Gary's hair is turning grey.
加里的头发渐渐灰白了。

特别提醒 | Tips 02-09

[e] 之后如果接辅音 [n] 时，我们很容易念成 [ɛn] 的错误发音，务必要谨慎。

正确发音	错误发音
paint [pent] *n.* 油漆	[pɛnt]
main [men] *a.* 主要的	[mɛn]
rain [ren] *vi.* 下雨 & *n.* 雨	[rɛn]
cane [ken] *n.* 藤条	[kɛn]

单元音 [ε] 常见字母组合：e，ea，a

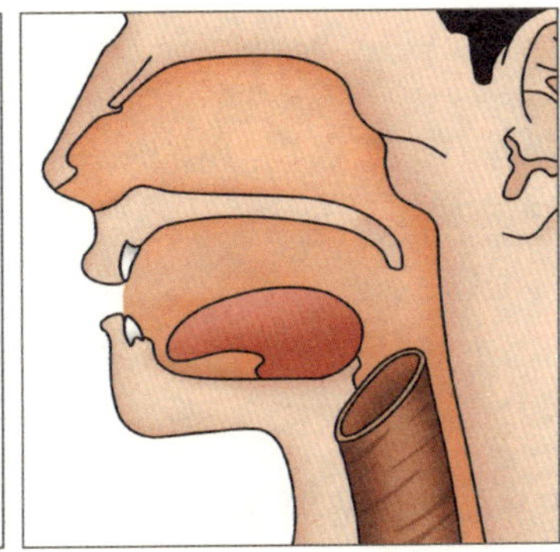

扫描二维码跟着
Johnny 老师练习

发音技巧 Pronunciation

发此音时，嘴巴要比发 [ɪ] 微开。换言之，上下唇和上下齿再张一些，舌头平放，舌尖轻轻抵住下齿，脸部肌肉放松，振动声带。

特别提醒 Tips

汉语无此音。不过我们念“夜”或“也”这个字时，故意拉长音，尾音的部分就像 [ε] 的发音。

开口读 | Repeat after me

跟读单词 02-10

1. **letter** [ˋlɛtɚ] *n.* 信
2. **lesson** [ˋlɛsn̩] *n.* 一节课；教训
3. **weather** [ˋwɛðɚ] *n.* 天气
4. **pleasure** [ˋplɛʒɚ] *n.* 高兴
5. **many** [ˋmɛnɪ] *a.* 许多的

跟读句子 02-11

❶ I wrote him a thank-you letter.
我写了一封感谢信给他。

❷ Mary is taking driving lessons.
玛丽正在学开车。

❸ Let that be a lesson to her.
让她以此为鉴。

❹ I felt a bit under the weather this morning.
我今天早上有点儿不舒服。

❺ Nick takes no pleasure in his work.
尼克从他的工作中得不到乐趣。

❻ I've known Peter for a great many years.
我认识彼得已经好多好多年了。

发音比较 | Compare

扫描二维码跟着
Johnny 老师练习

[e] 与 [ɛ] 的发音比较

再次比较 [e] 与 [ɛ] 的发音。扫一扫二维码，看看老师念这两个音标时嘴形的差异。

waiter [ˋwetɚ] *n.* 服务员

weather [ˋwɛðɚ] *n.* 天气

plate [plet] *n.* 盘子

pegs [pɛgs] *n.* 木钉

fake [fek] *a.* 假的

feather [ˋfɛðɚ] *n.* 羽毛

单元音 [æ] 常见字母组合：a

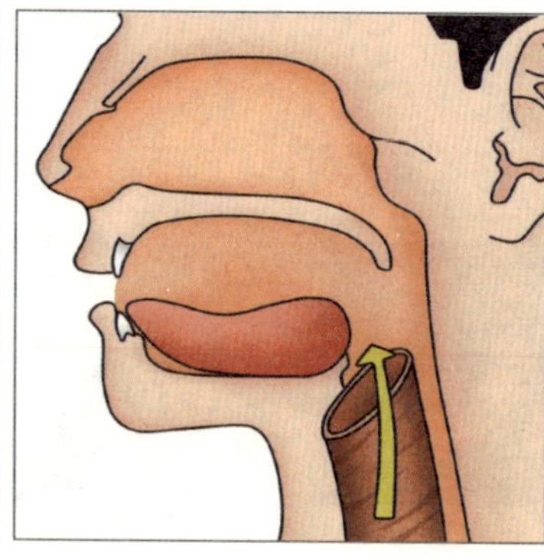

扫描二维码跟着
Johnny 老师练习

发音技巧 Pronunciation

发此音时，嘴形要比发 [ɛ] 的音时更开。上下唇和上下齿张开，使下巴尽量往下拉，此时嘴角肌肉亦会绷紧。舌头平放，舌尖仍抵住下齿，振动声带。此时嘴形颇像七八个月大的婴儿流着口水咧嘴憨笑的样子，傻极了，也可爱极了。

特别提醒 Tips

汉语并无此音，须勤加模仿练习。

开口读 Repeat after me

跟读单词 02-12

1. **mad** [mæd] *a.* 生气的
2. **land** [lænd] *n.* 陆地
3. **glad** [glæd] *a.* 高兴的
4. **stand** [stænd] *vi.* 站立 & *vt.* 忍受
5. **ant** [ænt] *n.* 蚂蚁
6. **back** [bæk] *prep.* 往回

跟读句子 02-13

1. Sarah is mad at me for being rude.
   萨拉因为我的无礼而生气。
2. We decided to travel by land.
   我们决定这趟旅程走陆路。
3. I'm glad to meet you. I've heard a lot about you.
   很高兴认识你。久仰大名。
4. I can't stand the heat.
   我忍受不了炎热的天气。
5. I have ants in my pants.
   我紧张到坐立不安。
6. Don't talk back to your mother like that.
   不要像那样和你母亲顶嘴。

发音比较 | Compare

扫描二维码跟着 Johnny 老师练习

[æ] 与 [ɛ] 的发音比较

在发 [ɛ] 的音时嘴唇微微打开。但是在发 [æ] 的音时嘴唇则要尽量往两旁拉长，呈现扁平状。记住，[æ] 这个音嘴形一定要做足，否则听起来就不地道，可能会有点引人发笑，不过学英语就是要先让自己脸皮变厚哦。

bad [bæd] *a.* 坏的

bed [bɛd] *n.* 床

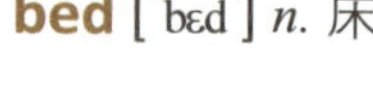

bag [bæg] *n.* 袋子

beg [bɛg] *vi.* 乞求

land [lænd] *n.* 土地

lend [lɛnd] *vt.* 借给

Chapter 2 元音的正确发音

Unit 3

单元音 [ɑ] 常见字母组合：a，o

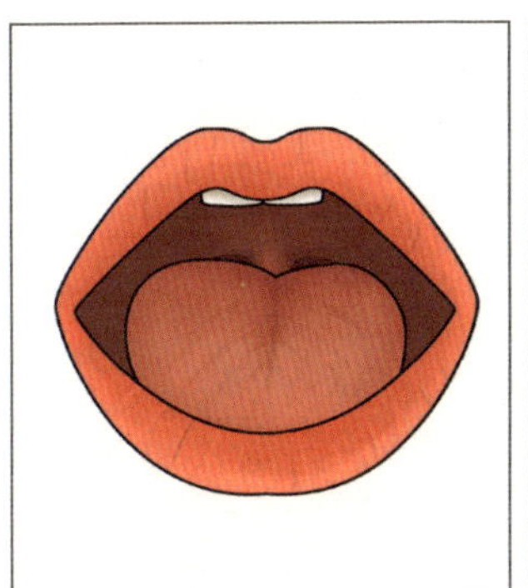

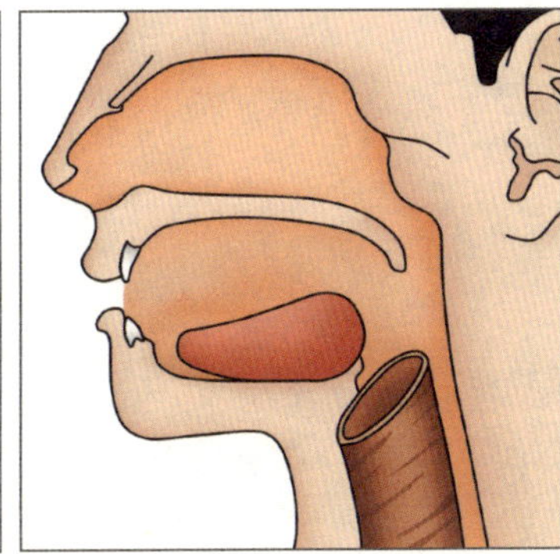

扫描二维码跟着 Johnny 老师练习

发音技巧 Pronunciation

本音标的发音类似汉字“啊”的发音，但嘴巴张开的幅度要更大。上下唇及上下齿全张，舌头自然平放，舌尖不接触下齿，也不要卷起或翘起，振动声带。

特别提醒 Tips

发此音时，最好先照镜子。念“啊”的音，您会惊讶地发现您的嘴巴张得不够开，这时将嘴巴尽量张大，然后发声，就是正确的发音了。

开口读 Repeat after me

跟读单词 02-14

1. **wash** [waʃ] *vt.* 洗
2. **want** [want] *vt.* 想要
3. **hot** [hat] *a.* 炎热的
4. **stop** [stap] *vi.* 停止
5. **cop** [kap] *n.* 警察
6. **block** [blak] *n.* 街区

跟读句子 02-15

❶ My car needs washing.
我的车该洗了。

❷ All I want is the truth.
我只想知道实情。

❸ I like to go swimming on a hot summer day.
我喜欢在炎热的夏日去游泳。

❹ Jack stopped crying upon seeing his mother.
杰克看到妈妈时就不哭了。

❺ Here comes the cop.
警察来了。

❻ My house is three blocks away from here.
我家离这儿相隔三个街区。

发音比较 | Compare

[ɑ] 与 [æ] 的发音比较

扫描二维码跟着
Johnny 老师练习

[ɑ] 的嘴形像个大圆圈。往下拉到最大，且要拉长音。

[æ] 的嘴形要把嘴巴咧开到极致，像是个大大的微笑。

block [blɑk] *n.* 街区

black [blæk] *a.* 黑色的

cop [kɑp] *n.* 警察

cap [kæp] *n.* 棒球帽

mop [mɑp] *n.* 拖把

map [mæp] *n.* 地图

双元音［ɑr］ 常见字母组合：ar

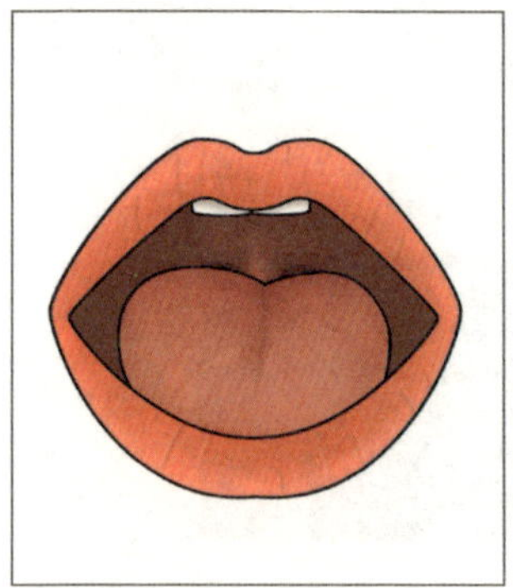

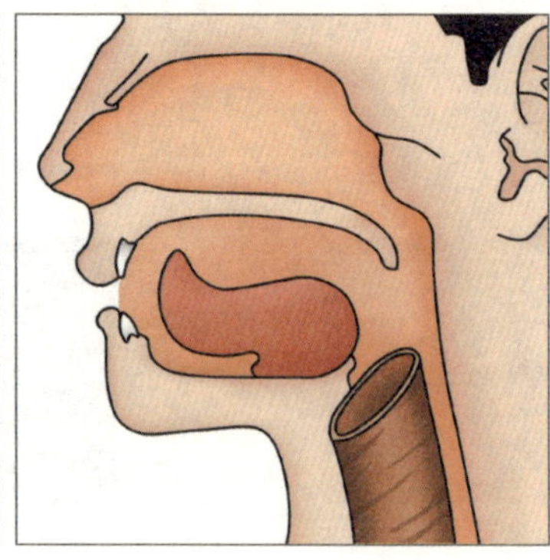

扫描二维码跟着
Johnny 老师练习

发音技巧 Pronunciation

这个音标符号理论的写法应为［ɑɚ］，但实际应写成［ɑr］。［ɚ］亦是个卷舌元音（类似汉语拼音“er”或汉字中的儿化音），故［ɑr］称为双元音。这种以［r］取代［ɚ］形成的元音会出现在［ɪ］［ɛ］［ɑ］［ɔ］［ʊ］等5个元音之后，分别形成［ɪr］［ɛr］［ɑr］［ɔr］［ʊr］这5个双元音，其余几个没介绍过的双元音都会在接下来的单元具体介绍。

特别提醒 Tips

先发［ɑ］的音，但由于受到尾音［r］的影响，念［ɑ］反而嘴巴不要全张，发出的音介乎汉语拼音“a”与“o”之间，然后将舌头卷起，发出［ɚ］的儿化音即可。［ɑr］的发音有点儿像“阿尔”的汉语发音。

开口读 | Repeat after me

跟读单词 02-16

1. **far** [far] *a.* 远的 & *adv.* 远地；很大程度上地
2. **park** [park] *n.* 公园
3. **hard** [hard] *a.* 坚硬的；严厉的
4. **star** [star] *n.* 星星
5. **start** [start] *vt.* & *vi.* 开始
6. **fart** [fart] *vi.* 放屁

跟读句子 02-17

❶ Jack is far taller than Henry.
杰克比亨利高很多。

❷ I just went for a walk in the park.
我刚去公园散步。

❸ Don't be so hard on Tim. He's still young.
别对蒂姆太严。他还年轻。

❹ I like camping out under the stars.
我喜欢露天宿营。

❺ Let's get started. We don't have all day.
咱们开始吧。我们时间不多。

❻ It's impolite to fart in an elevator.
在电梯里放屁是不礼貌的。

发音练习 | Practice 02-18

[ar] 的音标多出现在含有字母 “ar” 的英语单词中，故在此多列举一些让大家练习。记得尾音要卷舌哦。

[ar]
car [kar] *n.* 汽车
Mars [marz] *n.* 火星
artist [ˋartɪst] *n.* 艺术家
dart [dart] *n.* 飞镖
lard [lard] *n.* 猪油

Unit 4

双元音 [o] 常见字母组合：o，oa，oe，ou，ough，ow

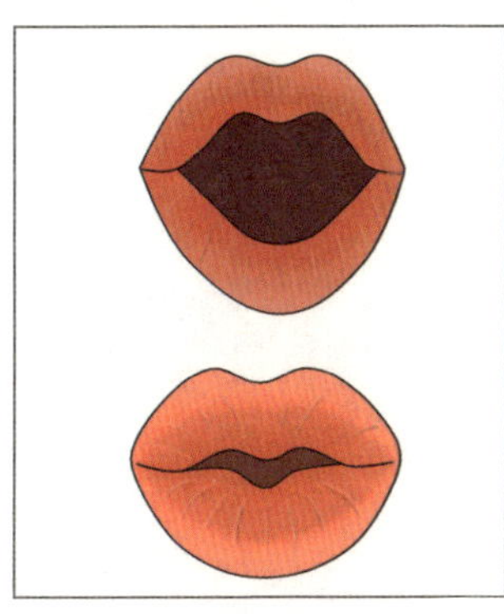

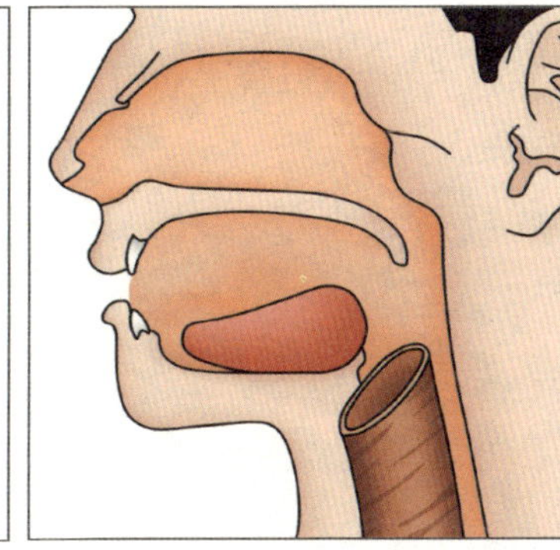

扫描二维码跟着
Johnny 老师练习

发音技巧 Pronunciation

这个音标是一个符号，应该是单元音，但也可称之为双元音。因为 [o] 是两个单元音 [ə] 及 [ʊ] 的简化形，所以称 [o] 为双元音。[ə] 及 [ʊ] 的发音分别在后页会介绍。

其实 [o] 的发音很简单，类似汉语拼音的 "ou" 或汉字 "欧" 的汉语发音。上下唇及上下齿张开，嘴形成 [o] 状，舌头自然平放，舌尖微微上扬不触及下齿，振动声带即可。

特别提醒 Tips

发 [o] 的音时，尾音部分应有类似汉字 "雾" 的音出现，即念起来有点像念"欧雾"连在一起的汉语发音。在念 [o] 时，切记不要念成像"喔"或汉语拼音 "o" 的音，这是不正确的发音，尾音一定要有类似 "雾" 的音出现才是正确的。

开口读 Repeat after me

跟读单词 02-19

1. **home** [hom] *n.* 家
2. **phone** [fon] *n.* 电话
3. **flow** [flo] *vi.* 流动
4. **blow** [blo] *vt.* 吹；浪费（机会）
5. **goal** [gol] *n.* 目标
6. **coat** [kot] *n.* 外套
7. **Joe** [dʒo] *n.* 乔（人名）
8. **soul** [sol] *n.* 灵魂
9. **though** [ðo] *conj.* 虽然

跟读句子 02-20

❶ Sit down and make yourself at home.
坐下，别拘束。

❷ The phone rang and I answered it.
电话响了，我接起电话。

❸ Her tears began to flow.
她的眼泪流了下来。

❹ Don't blow this chance.
别把这个机会搞砸。

❺ Nick did his best to achieve his goal.
尼克尽全力达到目标。

❻ Remember to put on your coat.
记得穿上外套。

发音比较 | Compare

扫描二维码跟着
Johnny 老师练习

比较双元音（长元音）[o] 与单元音（短元音）[ɔ] 的不同

务必记住长元音刻意拉长，短元音刻意缩短，自然听起来很地道。

[o] 的发音类似中文“欧”。

[ɔ] 的发音类似中文“喔”。

low [lo] *a.* 低矮的

law [lɔ] *n.* 法律

bowl [bol] *n.* 碗

ball [bɔl] *n.* 球

sow [so] *vt.* 播种

saw [sɔ] *n.* 锯子

单元音［ɔ］常见字母组合：al，au，aw

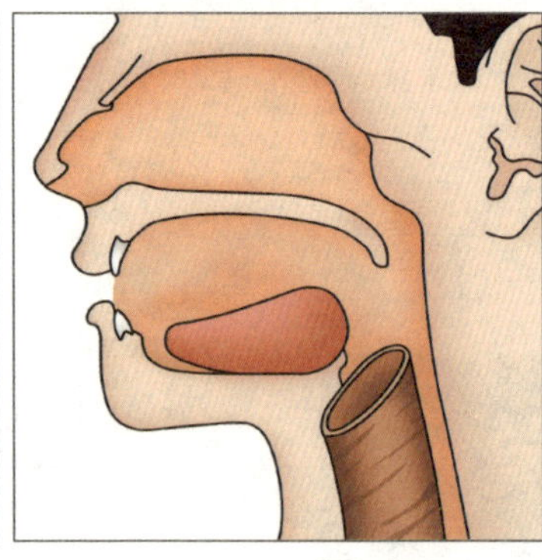

扫描二维码跟着
Johnny 老师练习

发音技巧 Pronunciation

发此音时，上下唇及上下齿张开，舌头自然垂放，然后把自己想象成公鸡，振动声带发出“喔、喔、喔”的鸡鸣声即可。

特别提醒 Tips

［ɔ］类似汉字“喔”的汉语发音。该音是个短元音，发音时口张大，舌身尽量降低，双唇稍稍收圆，不要担心练久了嘴巴会合不起来，睡觉或说话会流口水。学习公鸡“喔、喔、喔”地打鸣吧，而且公鸡“喔”得越大声，越容易会获得更多异性的青睐，因此尽情地“喔”吧！

开口读 Repeat after me

跟读单词 02-21

1. **ball** [bɔl] *n.* 球
2. **call** [kɔl] *n.* （一通）电话 & *vt.* 打电话给（某人）
3. **author** [ˋɔθɚ] *n.* 作者
4. **daughter** [ˋdɔtɚ] *n.* 女儿
5. **law** [lɔ] *n.* 法律
6. **flaw** [flɔ] *n.* 瑕疵

跟读句子 02-22

❶ The new manager is really on the ball.
新任经理真是精明干练。

❷ I need to make a phone call.
我需要打一通电话。

❸ John is the author of two books on art.
约翰是两本艺术相关书籍的作者。

❹ My daughter is the apple of my eye.
我女儿是我的掌上明珠。

❺ It's against the law to sell alcohol to children.
卖酒给小朋友是违法的。

❻ There is a fatal flaw in the plan.
计划中有一个致命的缺点。

发音比较 Compare

扫描二维码跟着
Johnny 老师练习

[ɔ] 与 [o] 的发音比较

再次比较单元音（短元音）[ɔ] 与双元音（长元音）[o] 的不同。扫一扫二维码，看看老师念这两个音标时嘴形的差异。

flaw [flɔ] *n.* 瑕疵

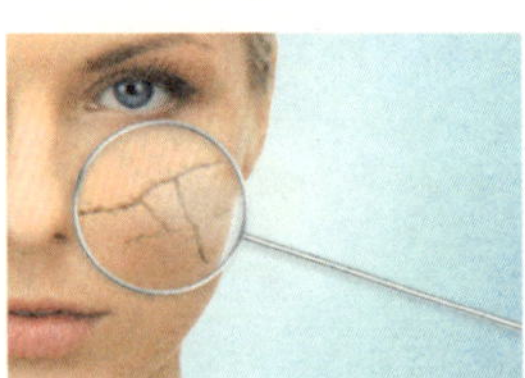

flow [flo] *n.* 水流

mall [mɔl] *n.* 商场

mow [mo] *vt.* 割草

bought [bɔt] *vt.* 买（buy 的过去式）

boat [bot] *n.* 船

Unit 5

双元音 [ɔɪ] 常见字母组合：oi，oy

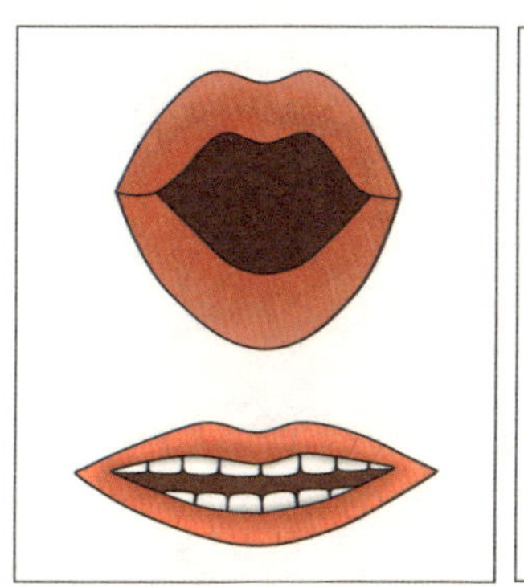

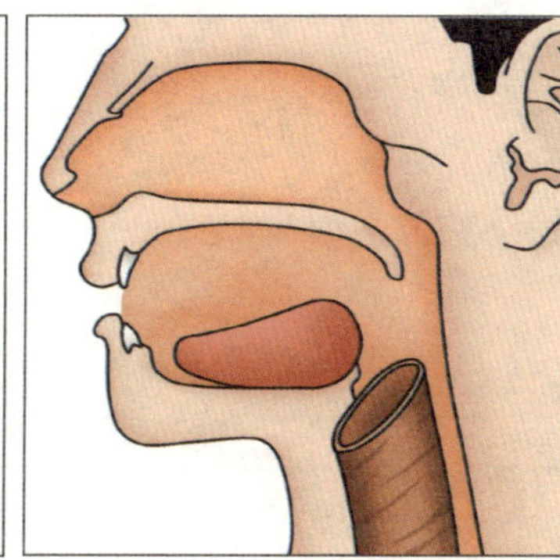

扫描二维码跟着 Johnny 老师练习

发音技巧 Pronunciation

此音标的发音技巧，与发所有双元音技巧一致，先发[ɔ]的音，然后再平稳过渡到 [ɪ] 的音，听起来有点像将两个汉字“喔”和“易”连在一起的发音。

开口读 Repeat after me

跟读单词 02-23

1. **point** [pɔɪnt] *n.* 重点
2. **noise** [nɔɪz] *n.* 噪音
3. **coin** [kɔɪn] *n.* 硬币 & *vt.* 创造（新词）
4. **choice** [tʃɔɪs] *n.* 选择
5. **joy** [dʒɔɪ] *n.* 乐趣
6. **toy** [tɔɪ] *n.* 玩具

跟读句子 02-24

❶ That's not the point.
那不是重点。

❷ Don't make a noise.
别发出噪音。

❸ They coined a new word.
他们创造了一个新词。

❹ I have no choice but to give up.
我别无选择只好放弃。

❺ I jumped for joy at the news.
这个消息让我高兴地跳了起来。

❻ The children are playing with their toys.
那些小朋友正在玩玩具。

特别提醒 Tips

[ɔɪ] 之后有辅音 [l] 的念法： 02-25

[l] 出现在 [ɔɪ] 之后时，要念成类似汉字“藕”的发音，不过务必要让舌尖翘起，并且抵住门牙后方。此外，[ɔɪl] 的发音诀窍是有一点像汉字“喔易藕”的汉语发音，念快一点时，听起来有一点像“喔又”的汉语发音。

soil [sɔɪl] *n.* 土壤

toil [tɔɪl] *vi.* 苦干

coil [kɔɪl] *n.* 线圈

foil [fɔɪl] *n.* 箔

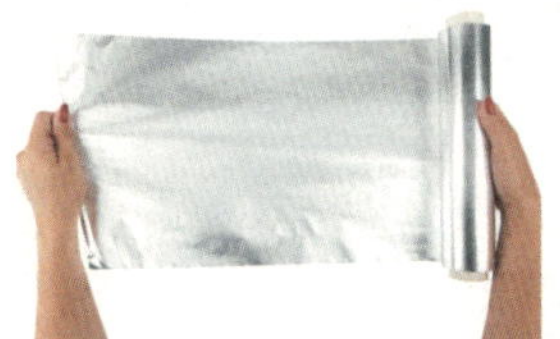

双元音［ɔr］常见字母组合：or，ar，oor，our

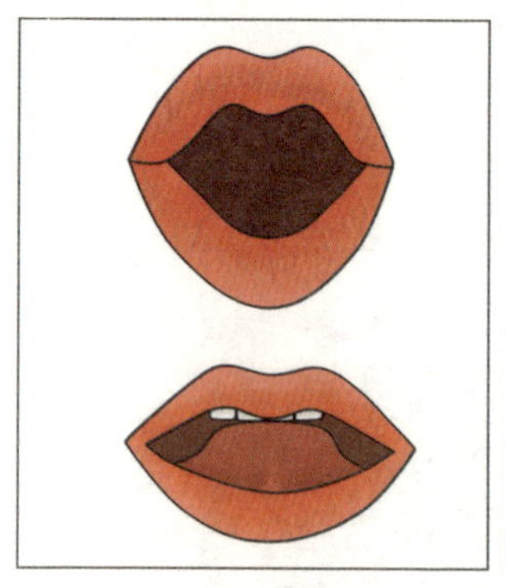

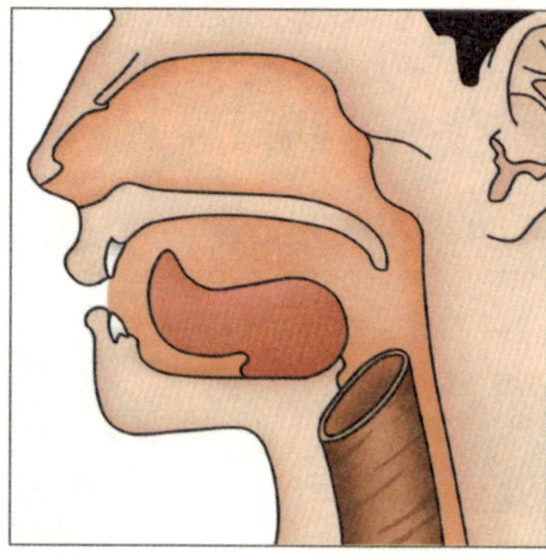

扫描二维码跟着
Johnny 老师练习

发音技巧 Pronunciation

与［ar］一样，本来［ɔr］的写法理论上应为［ɔɚ］，实际应写成［ɔr］。发音方式与发［ar］时相同，先念［ɔ］，然后将舌头卷起，发出汉语拼音“er”或儿化音的卷舌音即可。

开口读 Repeat after me

跟读单词 02-26

1. **born** [bɔrn] *a.* 出生的（bear 的过去分词）
2. **short** [ʃɔrt] *a.* 矮的；缺少的
3. **floor** [flɔr] *n.* 地板
4. **torn** [tɔrn] *a.* 撕裂的（tear 的过去分词）
5. **course** [kɔrs] *n.* 课程
6. **pour** [pɔr] *vt.* 倾倒

跟读句子 02-27

1. I was born and raised in China.
   我在中国出生、成长。
2. I'm short of money this week.
   我这个星期缺钱。
3. It's your turn to mop the floor.
   轮到你拖地了。
4. I was torn between family and friends.
   我在家人和朋友之间左右为难。
5. I took a course in modern arts.
   我上了一堂现代艺术的课。
6. It's pouring rain outside now.
   外面现在正下着倾盆大雨。

特别提醒 Tips 02-28

在一些字典中会将像是 course（课程）、four（四）、pour（倒）等“our”字母形成的词均只列出 [or] 的音标，但是其实在美式发音中，并没有 [or] 的这种发音，因此还是要念成短音的 [ɔr] 才恰当。我们来看以下比较。

一般字典所列音标	实际要念成这样
four [for] *n.* 四	[fɔr]
course [kors] *n.* 课程	[kɔrs]
mourn [morn] *vt.* & *vi.* 哀悼	[mɔrn]
pour [por] *vt.* & *vi.* 倾倒	[pɔr]

Unit 6

长元音 [u] 常见字母组合：u，oo，o，ui，ue，ou

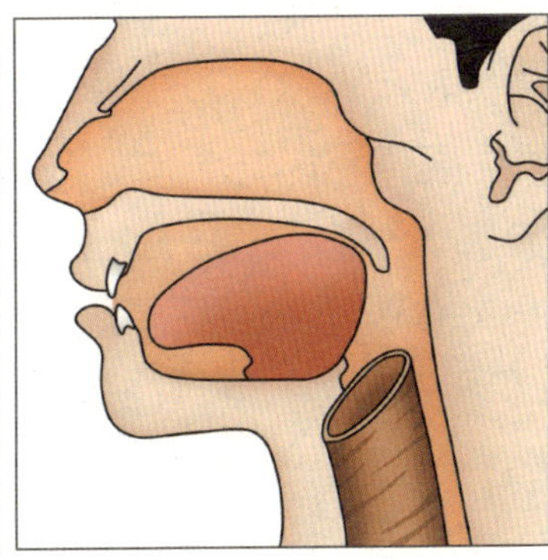

扫描二维码跟着
Johnny 老师练习

发音技巧 Pronunciation

发此音时，嘴形要做成像发汉语拼音“u”或汉字“物”的样子，但嘴形相对略扁，向两旁微拉，上下唇微微噘起，只留一个很小的孔，上下齿微张，声带部分的肌肉略为紧张，并振动声带即可。

特别提醒 Tips

许多人将 [u] 的音发成汉语拼音“u”的发音，这是不对的。这是因为发“u”或“物”时，双唇是往外凸出来的，这时的嘴形较小较圆，像是在嘟着嘴唇。而发 [u] 音时，嘴唇则需要更扁且微微噘起，两唇向两旁微微拉伸呈扁平状。

开口读 Repeat after me

跟读单词 02-29

1. **mood** [mud] *n.* 心情
2. **food** [fud] *n.* 食物
3. **room** [rum] *n.* 房间（可数）；空间（不可数）
4. **fool** [ful] *n.* 笨蛋 & *vi.* 鬼混
5. **suit** [sut] *n.* 西装 & *vt.* 适合
6. **clue** [klu] *n.* 线索
7. **glue** [glu] *n.* 胶水 & *vt.* 使紧贴
8. **do** [du] *vt.* 做（事）

跟读句子 02-30

❶ I'm in the mood for a night out.
我现在的心情就是想要晚上出去玩一下。

❷ Help yourself to the food.
您可自行取用这些食物。

❸ There is room for improvement.
还有进步的空间。

❹ Stop fooling around. 别再鬼混了。

❺ Peter looks very good in his new suit.
彼得穿着他的新西装看起来很好看。

❻ I don't have a clue who he is.
他是谁我一点线索都没有。

❼ Nick is always glued to the TV.
尼克老是盯着电视看。

发音比较 Compare

扫描二维码跟着
Johnny 老师练习

我们在接下来会介绍单元音 [υ] 的念法，这里先将两者进行比较，做个暖身。[u] 是长元音，念的时候嘴唇就像是嘟起嘴要给别人亲的样子；而 [υ] 是短元音，念的时候很急促，嘟起嘴一下就要缩回来，就像是那种想给别人亲又反悔的样子。若干英英词典已将 [υ] 改成 [ʊ]，也就是发此音时，开口先小一点，然后再大一点，像快速念“物尔”一样。

pool [pul] *n.* 泳池

pull [pυl] *vt.* 拉

fool [ful] *n.* 傻子

full [fυl] *a.* 吃饱的

food [fud] *n.* 食物

foot [fυt] *n.* 脚（单数）

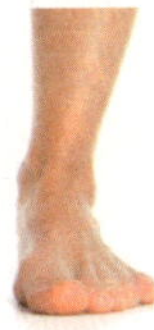

短元音 [ʊ] 常见字母组合：oo，ou，u

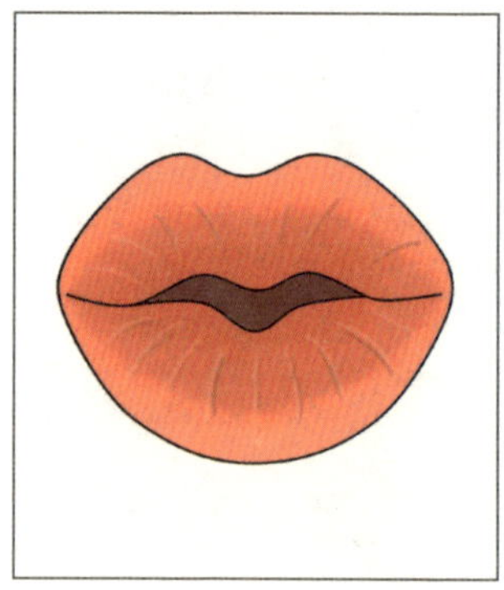

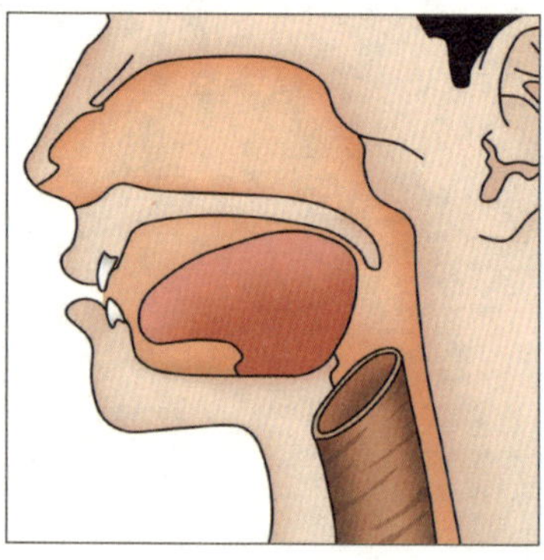

扫描二维码跟着
Johnny 老师练习

发音技巧 Pronunciation

前面介绍过 [ʊ] 与 [u] 的发音原理大致相同，不过 [ʊ] 需要发得更加短促，嘟起嘴一下就要缩回来，就像是那种想给别人亲又反悔的样子。
发音时，先将嘴形做成像长音 [u] 的发音状，稍微再压扁一些，然后将上下唇再稍微噘起，形成的气孔要比发 [u] 时大一些。上下齿微张，振动声带即可。

特别提醒 Tips

发 [ʊ] 的音时，嘴唇要噘起，声带的肌肉比发长音 [u] 的时候略为紧张，并振动声带。注意多跟老师练习。

开口读 Repeat after me

跟读单词 02-31

1. **good** [gʊd] *a.* 好的
2. **book** [bʊk] *n.* 书本 & *vt.* 预订
3. **cook** [kʊk] *n.* 厨师 & *vt.* 煮饭
4. **would** [wʊd] *aux.* 将（will 的过去式）
5. **full** [fʊl] *a.* 满的
6. **pull** [pʊl] *vt.* & *vi.* 拉

跟读句子 02-32

1. I'm not good at math.
   我不擅长数学。
2. I'd like to book a table for four.
   我想要预订一张四人座桌位。
3. My mother is a good cook.
   我母亲是一个很棒的厨师。
4. Would you please leave the door open?
   可以让门保持开着的状态吗？
5. I'm so full that I can't eat another bite.
   我太饱了，所以一口也吃不下了。
6. You push and I will pull.
   你往前推，我会拉。

发音比较 Compare

扫描二维码跟着
Johnny 老师练习

再多练习比较短元音 [ʊ] 和长元音 [u] 的差别。只要记住一个原则，短元音刻意短促，长元音刻意拉长，马上就会见到效果了。

sugar [ˈʃʊgɚ] *n.* 糖

smooth [smuð] *a.* 平顺的

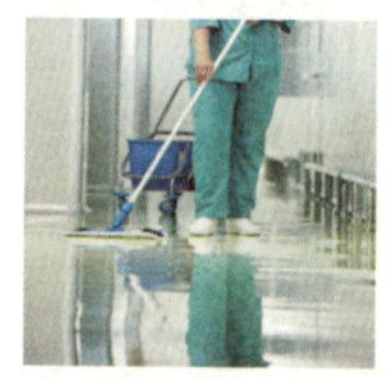

put [pʊt] *vt.* 放

roots [ruts] *n.* 根

book [bʊk] *n.* 书

boots [buts] *n.* 靴子

双元音 [ʊr] 常见字母组合：our，oor，ure

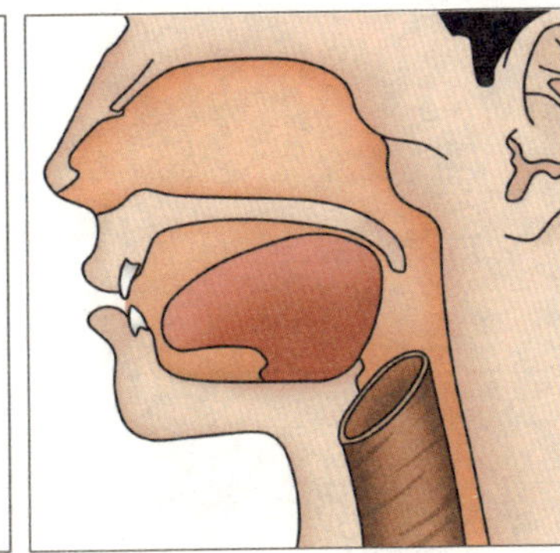

扫描二维码跟着
Johnny 老师练习

发音技巧 Pronunciation

与 [ɑr] 一样，本来 [ʊr] 的写法理论上应为 [ʊɚ]，实际应写成 [ʊr]。发音方式与发 [ɑr] 或 [ɔr] 时相同，先念 [ʊ]，然后将舌头卷起，发出汉语拼音“er”或儿化音的卷舌音即可。

特别提醒 Tips

其实跟所有的双元音一样，[ʊr] 的发音是由两部分组成，练习的时候可以先发前面的 [ʊ] 的音，然后自然过渡到后面 [ɚ] 的儿化音，开始的时候可以慢速把每部分的音发饱满，一点点加快速度就能轻松练就完美的发音。

开口读 Repeat after me

跟读单词 02-33

1. **poor** [pʊr] *a.* 穷的
2. **tour** [tʊr] *n.* & *vt.* 旅行
3. **lure** [lʊr] *vt.* 引诱
4. **sure** [ʃʊr] *a.* 确信的
5. **manure** [məˈnʊr] *n.* 肥料

跟读句子 02-34

❶ We led a poor but happy life.
我们当时过着贫穷却快乐的日子。

❷ We went on a sightseeing tour.
我们进行了一趟观光之旅。

❸ The little boy was lured into a car.
那个小男孩被引诱到了一辆车里。

❹ John seems very sure of himself.
约翰似乎很自信。

❺ The farmer spread the manure on the fields.
农夫在田野中施肥。

发音比较 | Compare

扫描二维码跟着
Johnny 老师练习

比较以下 [ʊr] 与 [ɔr] 的发音差异

再次比较 [ʊ] 与 [ɔ] 的发音。扫一扫二维码，看看老师念这两个音标时嘴形的差异。

poor [pʊr] *a.* 穷的

pour [pɔr] *vt.* 倾倒

tour [tʊr] *n.* 旅程

tore [tɔr] *vt.* 撕毁（tear 的过去式）

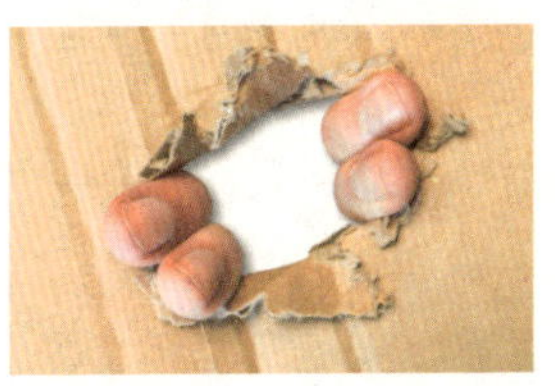

moor [mʊr] *n.* 荒野

more [mɔr] *a.* 更多的

Unit 7

单元音 [ʌ] 常见字母组合：u，o，ou

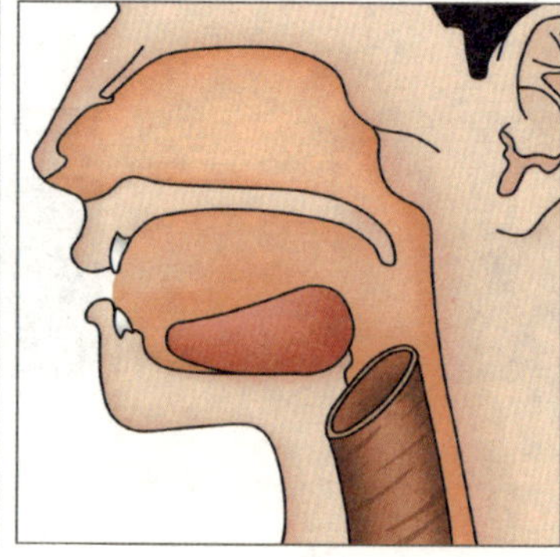

扫描二维码跟着
Johnny 老师练习

发音技巧 Pronunciation

[ʌ] 的发音很像汉语拼音“e”或汉字“呃”的发音，只不过发 [ʌ] 的音时，声音要更强且更短促。发音时，上下唇及上下齿要微微张开，脸部肌肉和舌头自然放松，舌尖轻轻放在下齿龈，振动声带即可。

特别提醒 Tips

[ʌ] 的发音与稍后将介绍的 [ə] 的发音是相同的。只不过 [ʌ] 只会出现在单音节的词（如 bug [bʌg]）或有两个音节以上有重音节的词中（如 money [ˈmʌnɪ]），发出的声音较强；而 [ə] 很多情况下只出现在有两个音节以上的词中的非重音节部分（如 seven [ˈsɛvən]），与 [ʌ] 的发音相比发声较轻。

开口读 Repeat after me

跟读单词 02-35

1. **cup** [kʌp] *n.* 杯子
2. **bug** [bʌg] *n.* 虫子 & *vt.* 烦扰
3. **bus** [bʌs] *n.* 公交车
4. **color** [ˋkʌlɚ] *n.* 颜色
5. **money** [ˋmʌnɪ] *n.* 钱
6. **tough** [tʌf] *a.* 困难的

跟读句子 02-36

❶ Jane is cute enough, but she is not my cup of tea.
简够可爱，但非我所好。

❷ Stop bugging me, will you?
别烦我，好吗？

❸ Do you want to walk or go by bus?
你想走路还是搭公交车？

❹ There are different colors for you to choose from.
有不同的颜色供你选择。

❺ Can I borrow some money from you?
我可以跟你借一些钱吗？

❻ It's a tough decision to make.
这是一个困难的决定。

发音比较 | Compare

扫描二维码跟着
Johnny 老师练习

[ʌ] 与 [ɑ] 的发音比较

[ʌ] 这个音标一定要念成“呃”的音，而不是“啊”。

[ɑ] 这个音标要把下巴拉长，念的是长“啊”的音。

cup [kʌp] *n.* 杯子

cop [kɑp] *n.* 警察

hut [hʌt] *n.* 小屋

hot [hɑt] *a.* 热的

color [ˈkʌlɚ] *n.* 颜色

collar [ˈkɑlɚ] *n.* 衣领

单元音 [ə] 常见字母组合：a，o

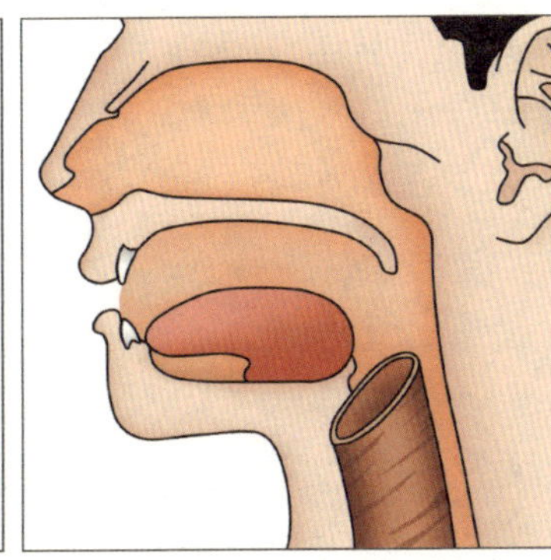

扫描二维码跟着
Johnny 老师练习

发音技巧 Pronunciation

前面介绍过 [ə] 的发音与 [ʌ] 的发音是相同的，其不同之处在于 [ə] 很多情况下只出现在有两个音节以上的词中的非重音节部分，而 [ʌ] 出现在单音节的词或有两个音节以上有重音节的词中。[ə] 的发音与 [ʌ] 的发音相比，发声较轻。

开口读 Repeat after me

跟读单词 02-37

1. **banana** [bəˈnænə] *n.* 香蕉
2. **ago** [əˈgo] *adv.* 在……以前
3. **around** [əˈraʊnd] *prep.* 在……附近
4. **together** [təˈgɛðɚ] *adv.* 在一起
5. **today** [təˈde] *n.* 今天
6. **tomorrow** [təˈmɑro] *n.* 明天

跟读句子 02-38

❶ Bananas are good for your health.
香蕉对你的健康有好处。

❷ Mary was here a minute ago.
一分钟前玛丽还在这儿。

❸ There is a new restaurant around the corner.
转角有一家新开的餐厅。

❹ Mix the flour and water together.
将面粉和水混在一起。

❺ I had a bad day today.
我今天过得很糟。

❻ See you tomorrow.
明天见。

特别提醒 Tips

1. 不定冠词 a 或 an （一个；某个）、介词 of（的）、连词 and（和）的元音部分也常念成 [ə]。02-39

   例：John is a student.

   约翰是一个学生。

   I drank a cup of tea.

   我刚喝了一杯茶。

   He and I went to the same college.

   他和我上同一所大学。

2. 特别注意词典中一些中间含有单元音 [ə] 的词，为了发音方便，这些音通常会省略不念，在词典中以括号的方式呈现。我们用以下几个词来解释。还是希望同学们多听外国人怎么念每个词并且多查词典。

   02-40

	词典中的标示	真正读音
reference（*n.*）参考	[ˋrɛf(ə)rəns]	[ˋrɛfrəns]
favorite（*a.*）最喜欢的	[ˋfev(ə)rɪt]	[ˋfevrɪt]
difference（*n.*）不同	[ˋdɪf(ə)rəns]	[ˋdɪfrəns]

3. 词典中所看到的 [tl̩] [dl̩] [tn̩] [dn̩] 这几个发音分别是 [təl] [dəl] [tən] [dən] 的缩写形式，而这种 [l̩] 或 [n̩] 的音标符号一般多出现在词尾有辅音 [t] 或 [d] 之后。02-41

	理论上写成	实际写成
little（*a.*）小的	[ˋlɪtəl]	[ˋlɪtl̩]
model（*n.*）模型	[ˋmadəl]	[ˋmadl̩]
rotten（*a.*）腐烂的	[ˋratən]	[ˋratn̩]
student（*n.*）学生	[ˋstudənt]	[ˋstudn̩t]

Unit 8

双元音 [ɜ] 常见字母组合：ir，ur，er，or，ear

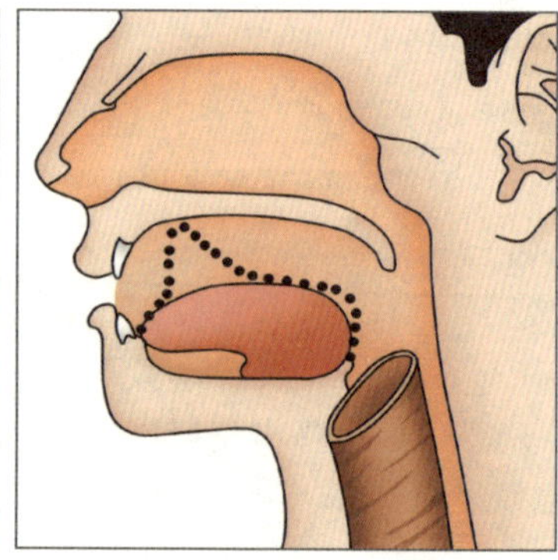

扫描二维码跟着
Johnny 老师练习

发音技巧 Pronunciation

本音标符号是 [ʌr] 的缩写，类似汉语拼音“er”或汉字“耳”的汉语发音，是个卷舌音，与之前介绍过的儿化音的念法完全一样，先发 [ʌ] 的音，然后将舌头向后卷起，振动声带即可。

特别提醒 Tips

[ɜ] 与 [ʌ] 一样出现在单音节或有两个以上的音节重音部分的英文词中。

开口读 Repeat after me

跟读单词 02-42

1. **skirt** [skɜːt] *n.* 裙子
2. **turn** [tɜːn] *n.* 转动；轮流
3. **learn** [lɜːn] *vt.* & *vi.* 学习
4. **nerve** [nɜːv] *n.* 神经
5. **serve** [sɜːv] *vt.* 为……服务；供应
6. **word** [wɜːd] *n.* 词（可数）；承诺（不可数）

跟读句子 02-43

① Mini-skirts never go out of fashion.
迷你裙永远不会过时。

② Whose turn is it to take out the garbage?
该轮到谁倒垃圾了？

③ I'm keen to learn about your culture.
我热衷于学习你们的文化。

④ Susan always gets on my nerves.
苏珊总是会惹恼我。

⑤ Breakfast will be served from 7 AM to 11 AM.
早餐将在早上 7 点到 11 点供应。

⑥ I give you my word.
我向你保证（说话算话）。

发音练习 | Practice 02-44

中国北方方言儿话音较多，因此要念好此音标并不难。南方人则相对更需要多练习此发音。以下再多列几个词让大家练习卷舌。

er	ir
nerd [nɜd] *n.* 书呆子	shirt [ʃɜt] *n.* 衬衫

ur	ear
burger [ˋbɜgɚ] *n.* 汉堡	earth [ɜθ] *n.* 地球

双元音 [ɚ] 常见字母组合：er，or，ar，ure

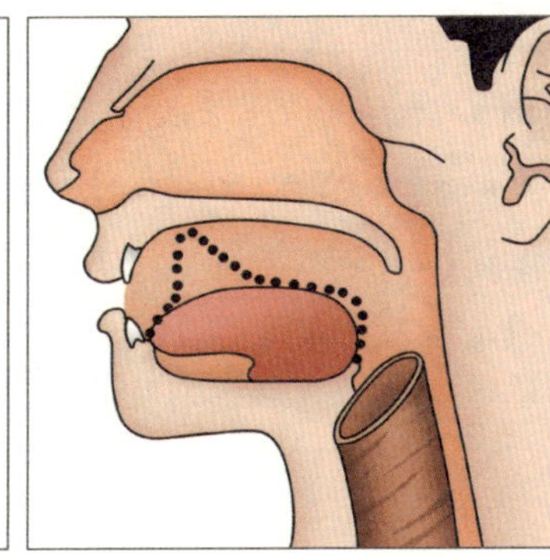

扫描二维码跟着
Johnny 老师练习

发音技巧 Pronunciation

本音标符号是 [ər] 的缩写，发音方法与前面的 [ɝ] 一样，也是个卷舌音，发音时注意先发 [ə] 的音，将舌头向后卷起发出儿化音即可。

特别提醒 Tips

与 [ə] 出现的规则一样，[ɚ] 只出现在两个音节以上非重音部分的英文词中。

开口读 Repeat after me

跟读单词 02-45

1. **remember** [rɪˋmɛmbɚ] *vt.* 记得
2. **leader** [ˋlidɚ] *n.* 领导者
3. **doctor** [ˋdɑktɚ] *n.* 医生
4. **mayor** [ˋmeɚ / ˋmɛɚ] *n.* 市长
5. **familiar** [fəˋmɪljɚ] *a.* 熟悉的
6. **nature** [ˋnetʃɚ] *n.* 自然（本词不可数，前面千万不可置定冠词 the）；性质（本词恒用单数，前面可置定冠词 the）

跟读句子 02-46

❶ Remember to turn off the lights before leaving the office.
离开办公室前记得关灯。

❷ A good leader should be a man of vision.
好领导必须得是有远见的人。

❸ You should follow the doctor's advice.
你应该遵从医师的建议。

❹ I decided to run for mayor.
我决定参选市长。

❺ I'm not familiar with the procedure.
我对流程不熟悉。

❻ I want to go back to nature.
我想要住在乡下，回归自然。

发音练习 Practice 02-47

务必记得 [ɝ] 和 [ɚ] 的发音是一样的，只是 [ɝ] 的发音较强；而 [ɚ] 的发音较弱。以下再多列几个让大家练习。

[ɝ]	[ɚ]
dirt [dɝt] *n.* 泥土	letter [ˋlɛtɚ] *n.* 信
bird [bɝd] *n.* 鸟	temper [ˋtɛmpɚ] *n.* 脾气
worm [wɝm] *n.* 蚯蚓；蠕虫	teacher [ˋtitʃɚ] *n.* 老师
world [wɝld] *n.* 世界	master [ˋmæstɚ] *n.* 主人

Unit 9

双元音 [aɪ] 常见字母组合：i，ie，igh，y

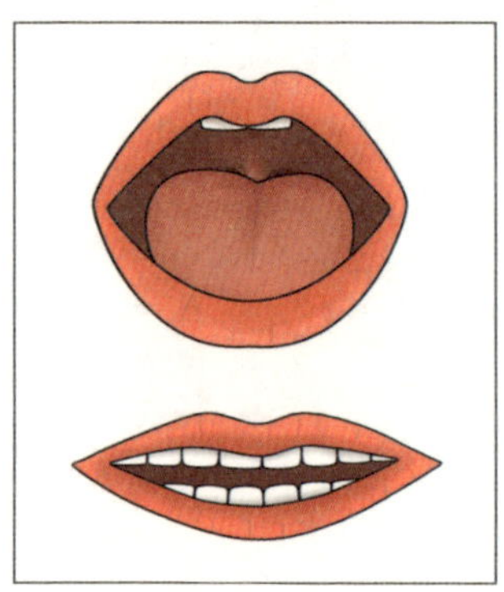

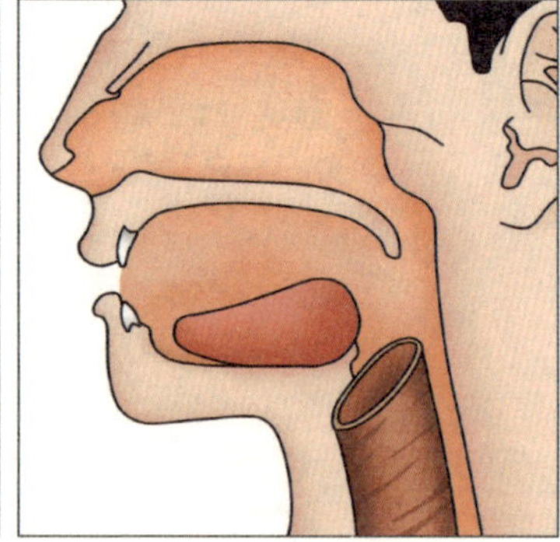

扫描二维码跟着
Johnny 老师练习

发音技巧 Pronunciation

本音标符号乃由两个单元音 [ɑ] 与 [ɪ] 结合而成，故称双元音。但是在写的时候，不可写成 [ɑɪ]，而需写成 [aɪ]。发音时先发 [ɑ] 的音（类似汉字“啊”的汉语发音），再发 [ɪ] 的音（发出来的声音颇像在军训喊口令时的“一、二、一”中的“一”的声音）。
念 [ɑ] 及 [ɪ] 时中间不停顿，连成一体，听起来颇像汉语拼音的“ai”或汉字“爱”的发音。

开口读 Repeat after me

跟读单词 02-48

1. **bike** [baɪk] *n.* 自行车 & *vi.* 骑自行车
2. **find** [faɪnd] *vt.* 发现；认为
3. **life** [laɪf] *n.* 生命
4. **idea** [aɪˈdɪə / aɪˈdiə] *n.* 点子，想法
5. **child** [tʃaɪld] *n.* 孩子
6. **ride** [raɪd] *n.* & *vt.* & *vi.* 搭乘

跟读句子 02-49

❶ I usually go to work by bike.
我通常骑自行车去上班。

❷ I find this book very interesting.
我发现这本书很有趣。

❸ I will always love you for the rest of my life.
我的余生都会永远爱你。

❹ I have no idea what you're talking about.
你在讲什么我听不懂。

❺ I lived in the US as a child.
我小时候住在美国。

❻ Henry gave me a ride home.
亨利顺道载我回家。

发音比较 Compare

扫描二维码跟着
Johnny 老师练习

比较 [aɪ] 与 [æ] 的不同

发 [aɪ] 的音时要先念 [ɑ] 再压成扁平状态念 [ɪ]，有点类似中文发音“爱依”。发 [æ] 的音时，嘴巴要尽量往两旁咧开。

bite [baɪt] *vt.* & *vi.* & *n.* 咬

bat [bæt] *n.* 蝙蝠

fight [faɪt] *vt.* & *vi.* & *n.* 打架

fat [fæt] *a.* 肥胖的

write [raɪt] *vt.* 写

rat [ræt] *n.* 老鼠

双元音 [aʊ] 常见字母组合：ou，ow

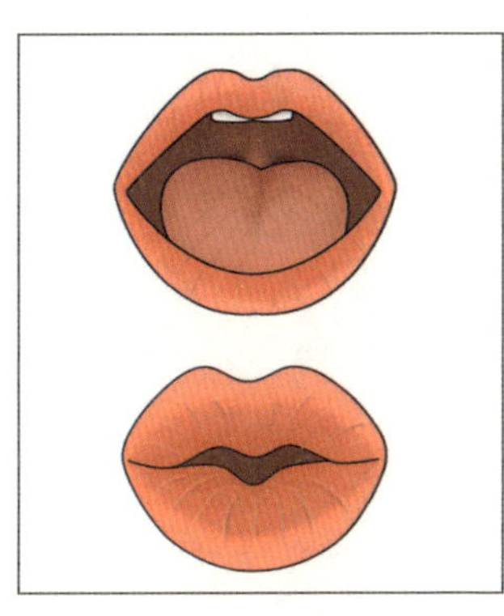

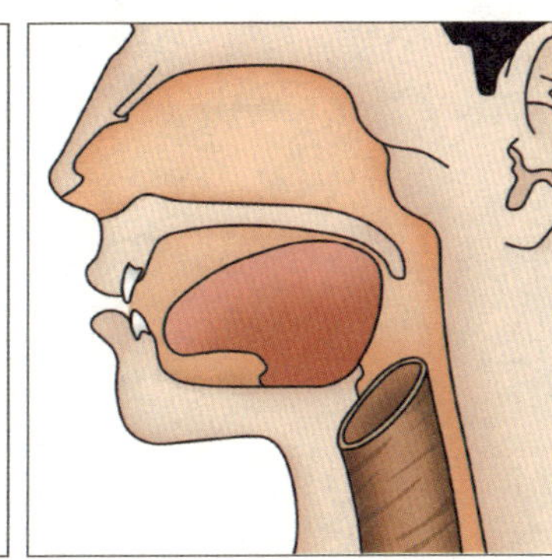

扫描二维码跟着
Johnny 老师练习

发音技巧 Pronunciation

本音标符号是两个单元音 [ɑ] 及 [ʊ] 结合而成的，故称双元音。发声时先发 [ɑ] 的音，再发 [ʊ] 的音（类似汉语拼音“ao”或汉字“嗷”的汉语发音）。
跟所有双元音发音原理一样，念 [ɑ] 及 [ʊ] 时中间不需要停顿，连成一体，听起来颇像狮子发威的时候发出的吼声“嗷”，所以在练习这个发音的时候想象自己是狮子，尽量将嘴张大，发出正确的 [ɑ] 的音，然后再发 [ʊ] 的音，发出类似“嗷呜”的连音。

特别提醒 Tips

[aʊ] 虽是 [ɑ] 与 [ʊ] 结合而成的，但书写时要写成 [aʊ] 而非 [ɑʊ]。

开口读 Repeat after me

跟读单词 02-50

1. **house** [haʊs] *n.* 房子 & *vt.* 存放；收藏
2. **ground** [graʊnd] *n.* 地面
3. **count** [kaʊnt] *vt.* 算数 & *vi.* 重要
4. **town** [taʊn] *n.* 城镇；商业区
5. **clown** [klaʊn] *n.* 小丑
6. **flower** [ˈflaʊɚ] *n.* 花

跟读句子 02-51

❶ The museum houses 500 works of art.
博物馆收藏了五百件艺术品。

❷ Henry fell to the ground and hurt his ankle.
亨利摔倒在地，弄伤了脚踝。

❸ It's the thought that counts.
贵在心意。

❹ Can you give me a ride into town?
你可以顺道载我去商业区吗？

❺ I used to be a class clown.
我过去曾是班上的活宝。

❻ I picked some flowers.
我摘了一些花。

发音练习 | Practice 02-52

此元音是大家在发音上最需要改进的其中一个。发此音的技巧是，先发 [ɑ] 的音，此时嘴形要往下拉且尽量张大，紧接着把嘴巴收小，念出 [ʊ] 的音。我们可以借以下几个词多练习一下。

ou	ow
doubt [daʊt] *vt.* 怀疑	owl [aʊl] *n.* 猫头鹰
drought [draʊt] *n.* 干旱	cow [kaʊ] *n.* 乳牛
cloud [klaʊd] *n.* 云	down [daʊn] *adv.* 下

Unit 10

双元音［ɛr］常见字母组合：air，are

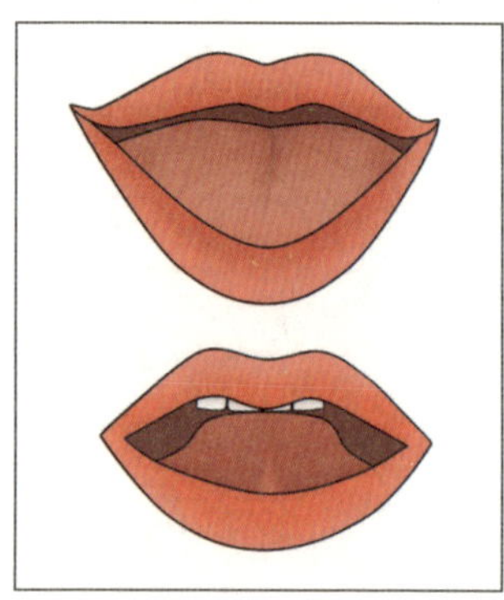

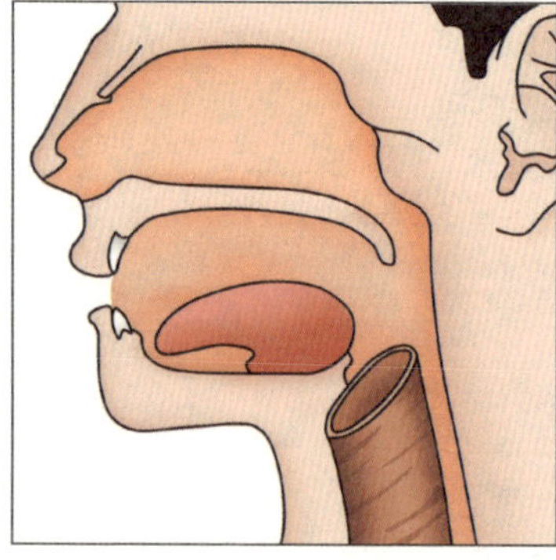

扫描二维码跟着 Johnny 老师练习

发音技巧 Pronunciation

与［ɑr］一样，本来［ɛr］的写法理论上应为［ɛɚ］，实际应写成［ɛr］。发音方式与发［ɑr］［ɔr］或［ʊr］时相同，先念［ɛ］，然后将舌头卷起，发出汉语拼音“er”或儿化音的卷舌音即可。

特别提醒 Tips

发［ɛ］与［ɚ］音时，不可停顿，要一气呵成地自然过渡。

开口读 Repeat after me

跟读单词 02-53

1. **chair** [tʃɛr] *n.* 椅子
2. **fair** [fɛr] *a.* 公平的
3. **hair** [hɛr] *n.* 头发
4. **careful** [ˈkɛrfəl] *a.* 仔细的
5. **share** [ʃɛr] *vt.* 共享；分享
6. **spare** [spɛr] *vt.* 腾出（时间、空间）

跟读句子 02-54

❶ I need a chair to sit on.
我需要一张椅子坐坐。

❷ It's not fair to be hard on the little boy.
对那个小男孩严苛不太公平。

❸ I had my hair cut yesterday.
我昨天去剪了头发。

❹ You'll have to be careful with money.
你们对钱要精打细算。

❺ I share this apartment with two others.
我和其他两人共享这间公寓。

❻ I can spare a room for you.
我可以为你腾出一个房间。

发音练习 Practice 02-55

有 [ɛr] 元音的单词多由 “are” 或 “air” 等字母组成，特别注意不要念成 [ær] 或 [er]。我们可以借以下几个词多练习一下。

are	air
spare [spɛr] *vt.* 腾出	air [ɛr] *n.* 空气
rare [rɛr] *a.* 稀有的	flair [flɛr] *n.* 天分
fare [fɛr] *n.*（交通工具的）费用	fair [fɛr] *a.* 公平的；（天气）晴朗的

双元音（卷舌儿化音）[ɪr] 常见字母组合：ear，eer，ere，ier

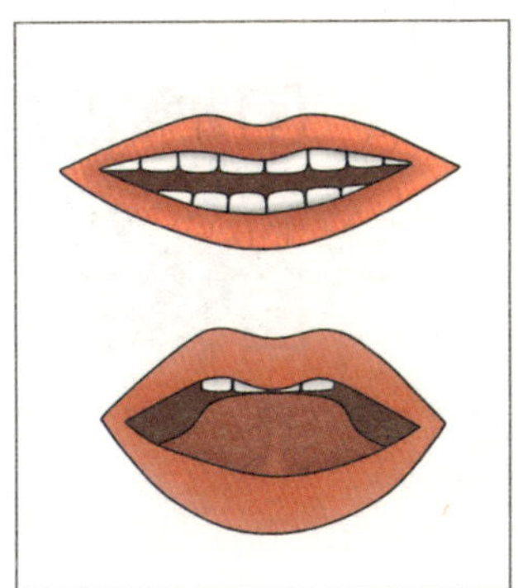

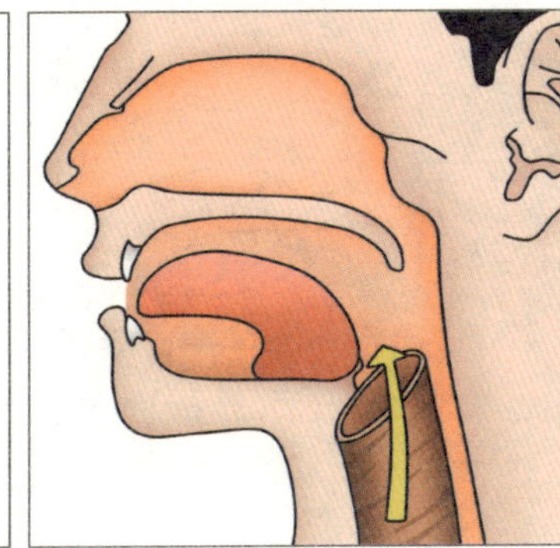

扫描二维码跟着 Johnny 老师练习

发音技巧 Pronunciation

与 [ɛr] 一样，本来 [ɪr] 的写法理论上应为 [ɪɚ]，实际应写成 [ɪr]。发音方式与发 [ɑr] [ɔr] [ʊr] 或 [ɛr] 时相同，先念 [ɪ]，然后将舌头卷起，发出汉语拼音“er”或儿化音的卷舌音即可。

特别提醒 Tips

发 [ɪ] 与 [ɚ] 音时，不可停顿，要一气呵成地自然过渡。

双元音（非卷舌音）[ɪə] 常见字母组合：ea

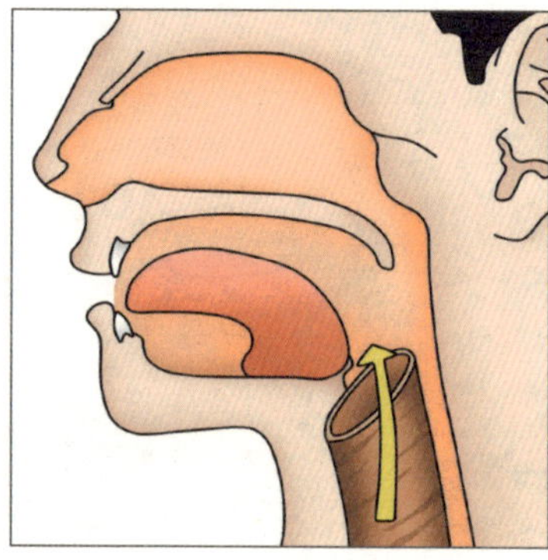

扫描二维码跟着
Johnny 老师练习

发音技巧 Pronunciation

发 [ɪə] 的音时，利用双元音的发音技巧，先发短元音 [ɪ] 的音，再发 [ə] 的音，中间不能停顿，要一气呵成。

特别提醒 Tips

这里的末音 [ə] 的发音是不卷舌的，不要误发成儿化音 [ɚ]。

双元音（非卷舌音）[iə] 常见字母组合：ea

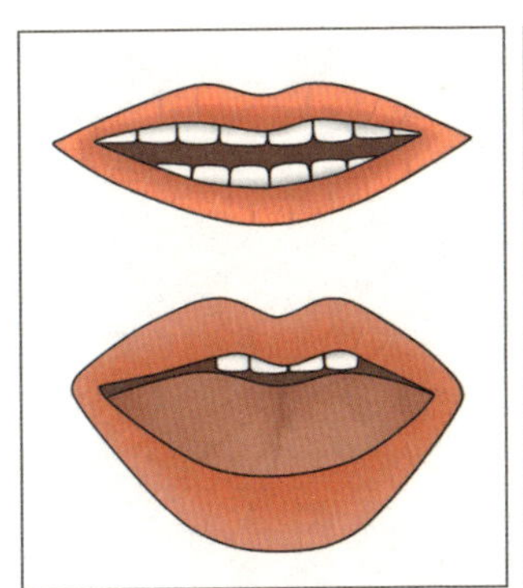

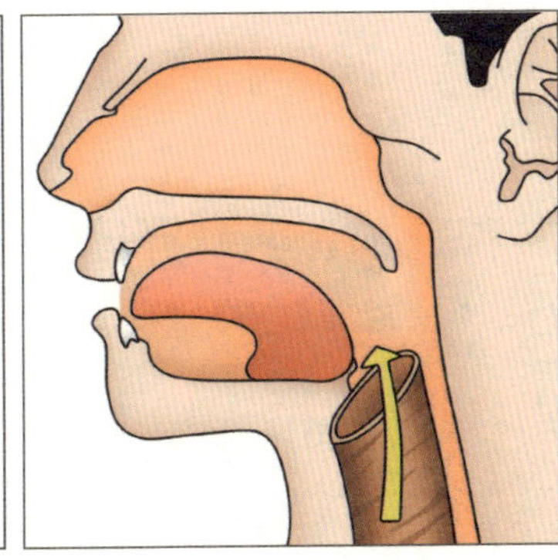

扫描二维码跟着 Johnny 老师练习

发音技巧 Pronunciation

发 [iə] 的音时，利用双元音的发音技巧，先发长元音 [i] 的音，再发 [ə] 的音，中间不能停顿，要一气呵成。

特别提醒 Tips

这里的末音 [ə] 的发音也是不卷舌的，不要误发成儿化音 [ɚ]。

开口读 Repeat after me

跟读单词 02-56

1. **ear** [ɪr] *n.* 耳朵
2. **beer** [bɪr] *n.* 啤酒
3. **here** [hɪr] *adv.* 在这儿
4. **fierce** [fɪrs] *a.* 凶猛的
5. **realize** [ˈrɪəˌlaɪz] *vt.* 理解，意识到
6. **ideal** [aɪˈdiəl] *n.* 理想 & *a.* 理想的

跟读句子 02-57

1. I'm all ears.
   我洗耳恭听。
2. My father has a beer belly.
   我父亲有啤酒肚。
3. There is garbage here and there.
   到处都是垃圾。
4. I'm afraid of the fierce dog.
   我害怕那只凶猛的狗。
5. I didn't realize the seriousness of the problem.
   我没意识到问题的严重性。
6. The weather is ideal for an outing to the beach.
   今天的天气适合去海边远足。

发音比较 | Compare

扫描二维码跟着 Johnny 老师练习

比较一下 [ɪr] 与 [ɛr] 的发音差异

这两个发音挺接近的，需要多练习加以区别。

beer [bɪr] *n.* 啤酒

bear [bɛr] *n.* 熊

fear [fɪr] *n.* & *vt.* 害怕

fair [fɛr] *a.* 公平的

rear [rɪr] *a.* 后部的

rare [rɛr] *a.* 稀有的

Chapter 3

辅音的正确发音 Consonants

辅音又称子音，是英文发音的辅助音。辅音与前面所学到的元音组合，产生音节，从而形成英语多样的发音。辅音有两种，一种是不需要振动声带发声的清辅音，另一种是需要振动声带发声的浊辅音。本章中前八个单元的清辅音和浊辅音是成对出现的，发音的嘴形基本一致，主要区别在于清辅音不要振动声带，而浊辅音需要；在做发音练习的时候可以成对练习，仔细体会其中的区别。

作为发音的辅助元素，辅音一共有下列 24 个：

[p] [b] [t] [d] [k] [g] [f] [v]

[θ] [ð] [s] [z] [ʃ] [ʒ] [tʃ] [dʒ]

[m] [n] [ŋ] [l] [r] [j] [h] [w]

Unit 1

清辅音 [p] 常见字母组合：p

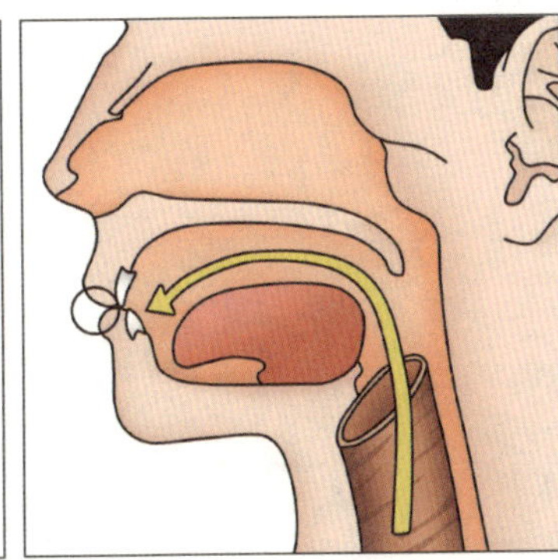

扫描二维码跟着
Johnny 老师练习

发音技巧 Pronunciation

发这个音的时候，首先双唇轻轻闭合，然后压迫气息，使气息突破双唇而出，注意清辅音不要振动声带。

[p] 在元音前的时候，发音类似汉语拼音“p”的无声音。

[p] 在元音后的时候，发音类似汉语拼音“pu”或汉字“谱”的无声音。

特别提醒 Tips

[p] 在词尾出现时，通常情况下是不发出汉语拼音“pu”或汉字“谱”的无声音的，只需要将双唇轻轻闭合憋气即可。

开口读 | Repeat after me

跟读单词 03-01

1. **pick** [pɪk] *vt.* 用手摘
2. **pass** [pæs] *vt.* 免掉
3. **keep** [kip] *vt.* 保有
4. **nap** [næp] *n.* 小睡片刻
5. **tip** [tɪp] *n.* 小费
6. **top** [tɑp] *n.* 顶部

跟读句子 03-02

❶ Don't pick your nose in public.
别在公开场合挖鼻孔。

❷ I'm full, so I think I'll pass on dessert.
我饱了，所以我就免了点心吧。

❸ Keep the change.
零钱免找。

❹ Take a nap if you're tired.
如果你累了的话就小睡片刻。

❺ Tom always gives a generous tip.
汤姆总是会给丰厚的小费。

❻ The hotel is located at the top of the mountain.
那家酒店坐落在山顶。

发音比较 Compare 03-03

比较 [p] 在元音前后的发音

[p] 在元音前的时候，发音类似汉语拼音“p”的无声音。

[p] 在元音后的时候，发音类似汉语拼音“pu”或汉字“谱”的无声音。

在元音之前	在元音之后
pig [pɪg] *n.* 猪	map [mæp] *n.* 地图
pet [pɛt] *n.* 宠物	rap [ræp] *n.* 说唱乐，饶舌歌
pan [pæn] *n.* 平底锅	deep [dip] *a.* 深的

浊辅音 [b] 常见字母组合：b

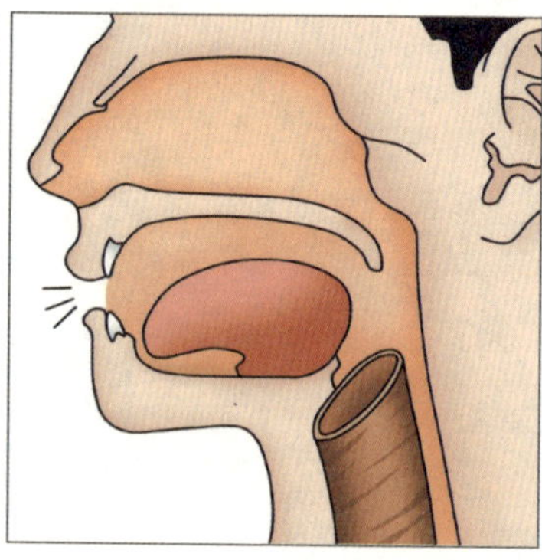

扫描二维码跟着
Johnny 老师练习

发音技巧 Pronunciation

[b] 的发音与前面学过的 [p] 的发音大致相同。但发音时，双唇要紧闭，然后压迫气息，使气息由口腔突破双唇而出，并振动声带。
[b] 后有元音的时候，发音类似汉语拼音“b”的有声音。
[b] 在元音后的时候，发音类似汉语拼音“bu”或汉字“不”的有声音，但是声音很弱，几乎听不见。

特别提醒 Tips

与 [p] 类似，[b] 在词尾出现时，通常情况下是不发出汉语拼音“bu”或汉字“不”的有声音的，只需要将双唇闭紧憋气即可。

开口读 Repeat after me

跟读单词 03-04

1. **big** [bɪg] *a.* 大的；（讽刺语调）慷慨的
2. **bag** [bæg] *n.* 袋子
3. **tab** [tæb] *n.* 账单
4. **rob** [rɑb] *vt.* 抢劫
5. **tub** [tʌb] *n.* 浴缸
6. **break** [brek] *vt.* 打破；说（坏消息）

跟读句子 03-05

❶ You just gave me two RMB? That's big of you.
你只给我两元？还真慷慨啊！

❷ The little boy is a bag of bones.
那个小男孩是皮包骨。

❸ The company will pick up the tab for your hotel room.
公司会替你的酒店房间埋单。

❹ The man robbed Judy of her purse.
那名男子抢了朱迪的皮包。

❺ The bathtub is leaking.
浴缸在漏水。

❻ I don't want to break the bad news to you.
我不想告诉你这个坏消息。

发音比较 Compare

扫描二维码跟着 Johnny 老师练习

比较 [p] 与 [b] 的不同

[p] 是清辅音，在发音时不振动声带。
[b] 是浊辅音，在发音时振动声带。
下面我们来看一下两者的区别。

pear [pɛr] *n.* 梨

bear [bɛr] *n.* 熊

pat [pæt] *vt.* 轻拍

bat [bæt] *n.* 蝙蝠

pan [pæn] *n.* 平底锅

ban [bæn] *vt.* 禁止 & *n.* 禁令

Unit 2

清辅音 [t] 常见字母组合：t，ght

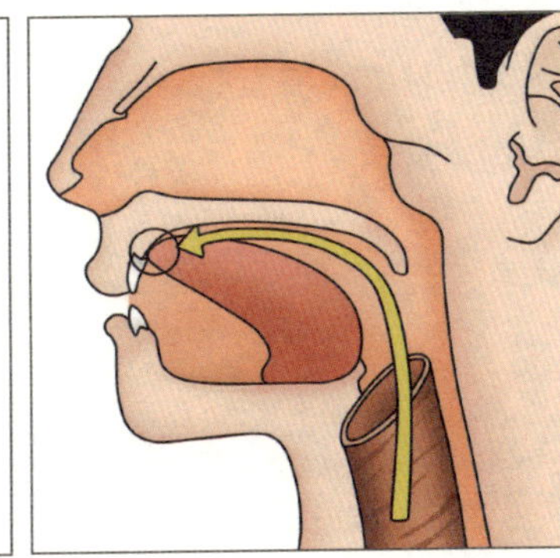

扫描二维码跟着
Johnny 老师练习

发音技巧 Pronunciation

像大多数清辅音一样，[t] 的发音与其对应的汉语拼音“t”的无声音发音相同。
发音时，先将双唇微微张开，舌尖抵住上齿龈，憋气，然后稍稍用力将舌尖弹开，不要振动声带。

特别提醒 Tips

[t] 出现在词尾时，可以按照上面介绍的发音技巧发音，但在快速或正常的英语交谈中，[t] 通常不发出全音，只要做到将舌尖抵住上齿龈再憋气就好了，不用将舌尖弹开。

开口读 | Repeat after me

跟读单词 03-06

1. **take** [tek] *vt.* 拿；从事
2. **teach** [titʃ] *vt.* 教导
3. **table** [ˋtebḷ] *n.* 桌子
4. **diet** [ˋdaɪət] *n.* 饮食习惯；节食
5. **weight** [wet] *n.* 体重
6. **rat** [ræt] *n.* 老鼠

跟读句子 03-07

❶ I want to take a shower.
我想要洗个澡。

❷ The accident taught me a lesson.
那场意外给了我一个教训。

❸ I'd like to book a table for two.
我想要预订一张两人座桌位。

❹ I am on a diet so that I can stay fit.
我在节食以便能保持健康。

❺ I work out at the gym to lose weight.
我在健身房运动以减肥。

❻ I smell a rat.
我感觉事有蹊跷。

发音练习 Practice 03-08

我们再练习一下 [t] 在词尾时慢速与正常速度的念法。注意，在正常速度时，词尾的 [t] 并不发出声音来，只要做到将舌尖抵住上齿龈再憋气就好，不需要特别念成中文的“特”。

慢速	正常语速
put [pʊt]	put [pʊ/]
get [gɛt]	get [gɛ/]

浊辅音 [d] 常见字母组合：d

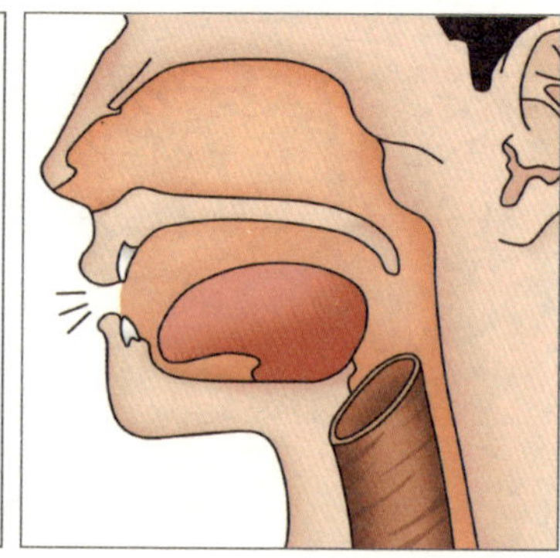

扫描二维码跟着
Johnny 老师练习

发音技巧 Pronunciation

[d] 与 [t] 的发音原则大致相同。[d] 的发音有点类似汉语拼音中的“d”或汉字“德”的发音，但声音更为短促。

发音时，双唇微开，舌尖抵住上齿龈，憋气，用力将舌尖弹开，振动声带即可。

特别提醒 Tips

同样，词尾出现 [d] 的辅音时，可以念出 [d] 的完全发音，但是在日常生活中，除了在慢速交谈或者为了强调时，才会这样发音。在用正常或快速的英语交谈时，与其他很多辅音的发音一样，[d] 的音只要做到舌尖抵住上齿龈，再憋气即可。这就是所谓的只做其形不发其声。

开口读 Repeat after me

跟读单词 03-09

1. **date** [det] *n.* 约会
2. **debt** [dɛt] *n.* 债
3. **door** [dɔr] *n.* 门
4. **red** [rɛd] *a.* 红色的 & *n.* 红色；赤字
5. **mad** [mæd] *a.* 生气的
6. **sad** [sæd] *a.* 伤心的

跟读句子 03-10

❶ Paul went out on a date with his girlfriend.
保罗和他女友去约会了。

❷ I need to pay off my debts.
我要还清我的贷款。

❸ Can you answer the door?
你可以去开门吗?

❹ The company is in the red.
公司负债中。

❺ Susan is mad at me for being late.
苏珊因为我迟到对我生气。

❻ I feel terribly sad about it.
我对此深感难过。

发音比较 | Compare

扫描二维码跟着 Johnny 老师练习

比较 [t] 与 [d] 的发音

[t] 是清辅音，[d] 是浊辅音。两者发音时，舌尖均应抵住上齿龈憋气，再将舌尖弹开。差别在于清辅音发音时，不振动声带；浊辅音发音时，需要振动声带。

time [taɪm] *n.* 时间

dime [daɪm] *n.* 一角硬币

tie [taɪ] *vt.* 绑

die [daɪ] *vi.* 死

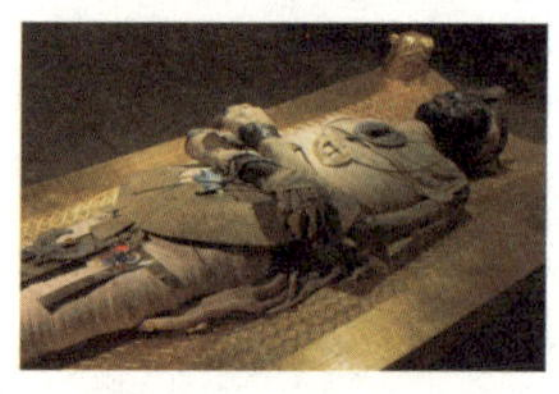

write [raɪt] *vt.* 写

ride [raɪd] *vt.* 骑乘

Unit 3

清辅音 [k] 常见字母组合：c，k，ck，ch

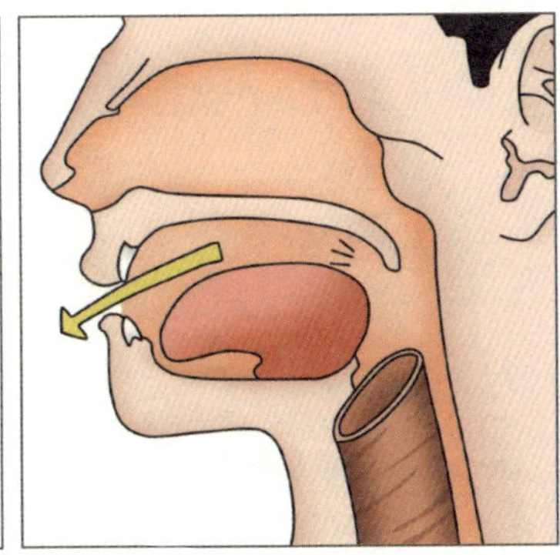

扫描二维码跟着
Johnny 老师练习

发音技巧 Pronunciation

[k] 的发音也很类似汉语拼音“k”或汉字“可”的无声音。
发此音时，双唇微开，舌后根往上翘起并抵住口腔上方的软颚部分，憋住气，然后稍稍用力将舌弹开，使气息从口冲出，如咳嗽般发出“k”或“可”的无声音，不振动声带即可。

开口读 | Repeat after me

跟读单词 03-11

1. **key** [ki] *n.* 钥匙；关键
2. **box** [bɑks] *n.* 盒子
3. **kitchen** [ˈkɪtʃɪn] *n.* 厨房
4. **account** [əˈkaʊnt] *n.* 账户
5. **accept** [əkˈsɛpt] *vt.* 接受
6. **schedule** [ˈskɛdʒʊl] *n.* 行程表

跟读句子 03-12

❶ The key to success is hard work.
成功的关键是努力。

❷ We need to think out of the box.
我们要跳出框框想问题。

❸ If you can't stand the heat, get out of the kitchen.
如果你忍受不了厨房的热，就离开厨房。（这句谚语是指“如果你觉得这件事太难，就别干了。”但有暗指你能力不够的意思。）

❹ I opened an account at the bank.
我在那家银行开了户。

❺ Please accept my sincere apologies.
请接受我真诚的道歉。

❻ We fell behind schedule.
我们的进度落后了。

发音练习 Practice 03-13

除了字母 k 发 [k] 的音之外，还有以下几种字母组合也会出现 [k] 的发音。

ce, ci, cy 之外的 c	x	ch
crop [krap] *n.* 农作物	box [baks] *n.* 箱子	schedule [ˋskɛdʒʊl] *n.* 行程表
collar [ˋkalɚ] *n.* 衣领	fox [faks] *n.* 狐狸	school [skul] *n.* 学校
rectangle [rɛkˋtæŋgl] *n.* 长方形	sex [sɛks] *n.* 性别	scheme [skim] *n.* 阴谋

特别提醒 Tips

当清辅音 [k] 前面出现 [s] 的音时，清辅音 [k] 的发音会变成浊辅音 [g] 的发音，这种规则被称为清辅音浊化，更详细的解释请参照第四章 Unit 3-1 “变音 [s] 后的清辅音浊化” 中的内容。

浊辅音 [g] 常见字母组合：g

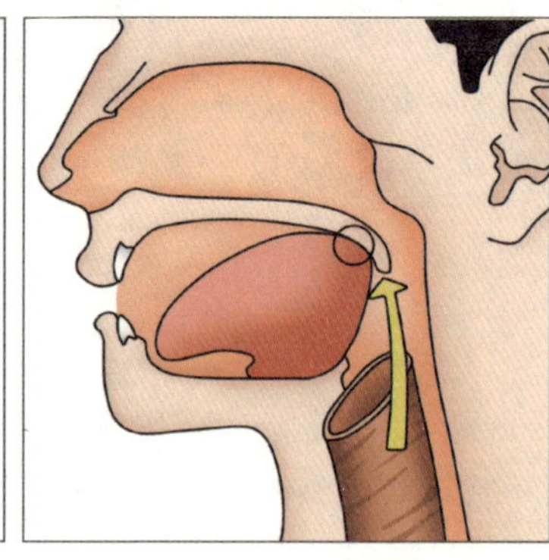

扫描二维码跟着

Johnny 老师练习

发音技巧 Pronunciation

[g] 这个音的发音技巧跟前面介绍的 [k] 的发音非常相似，技巧也跟 [k] 的发音一致，但是需要同时振动声带，发出“g” 或“歌”的短促有声音。

特别提醒 Tips

同样，如果 [g] 这个音出现在词尾时，在正常的英语交谈中，同样会把“g”或“歌”的音发得很弱，弱到几乎听不到尾音。

开口读 Repeat after me

跟读单词 03-14

1. **goal** [gol] *n.* 目标
2. **good** [gʊd] *a.* 好的
3. **hug** [hʌg] *n.* & *vt.* 拥抱
4. **bug** [bʌg] *n.* 虫子 & *vt.* 烦扰
5. **luggage** [ˋlʌgɪdʒ] *n.* 行李（不可数）
6. **language** [ˋlæŋgwɪdʒ] *n.* 语言

跟读句子 03-15

❶ You need to set yourself a goal.
你得为自己定一个目标。

❷ This is very good news.
这是非常好的消息。

❸ Come and give me a hug.
来给我一个拥抱。

❹ Stop bugging me.
别烦我。

❺ How many pieces of luggage do you want to check in?
你有多少件行李要拖运?

❻ Young man, watch your language.
年轻人，注意一下你的言辞。

发音比较 | Compare

扫描二维码跟着
Johnny 老师练习

比较 [k] 与 [g] 的不同

[k] 是清辅音，而 [g] 是浊辅音。两者发出的声音都很短促。两者在词尾时所发的音都很弱，几乎听不到。需要多跟老师练习体会它们的区别。

coat [kot] *n.* 外套

goat [got] *n.* 山羊

lack [læk] *n.* 缺乏

lag [læg] *n.* 延迟

pluck [plʌk] *vt.* 摘；拔（毛）

plug [plʌg] *n.* 插头

Unit 4

清辅音 [f] 常见字母组合：f，gh，ph

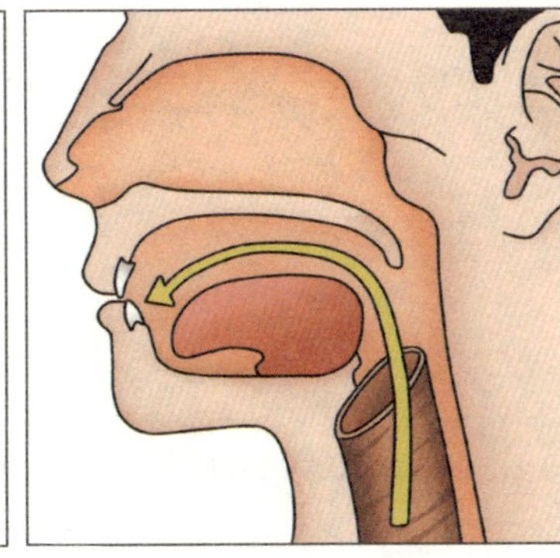

扫描二维码跟着
Johnny 老师练习

发音技巧 Pronunciation

发此音时，上齿轻轻咬住下唇内侧，将气息从唇齿的缝隙轻轻吹出来，与其他清辅音一样不振动声带。

特别提醒 Tips

我们在念汉语拼音“f”或汉字“府”的汉语发音时，会自动先将上齿轻轻咬住下唇，其实这就是 [f] 的正确发音嘴形了。

开口读 Repeat after me

跟读单词 03-16

1. **fog** [fɑg] *n.* 雾
2. **roof** [ruf] *n.* 屋顶
3. **life** [laɪf] *n.* 生命
4. **cough** [kɔf] *vi.* 咳嗽
5. **laugh** [læf] *vi.* 笑
6. **photo** [ˈfoto] *n.* 照片

跟读句子 03-17

❶ The flight is delayed because of thick fog.
班机因为浓雾而被延误。

❷ The roof is leaking.
屋顶在漏水。

❸ I had the time of my life in Hawaii.
我在夏威夷玩得很开心。

❹ I couldn't stop coughing.
我当时咳嗽不止。

❺ Don't laugh at her.
别嘲笑她。

❻ I took a photo of the bridge.
我拍了那座桥的照片。

特别提醒 | Tips 03-18

除了 f 和 fe（如 giraffe [dʒɪ'ræf] 长颈鹿）等字母会念成 [f] 之外，特别注意 gh 和 ph 的字母组合也会发 [f] 的音。

gh	ph
rough [rʌf] *a.* 粗糙的	telegraph ['tɛlə,græf] *n.* 电报
tough [tʌf] *a.* 坚韧的	phone [fon] *n.* 电话
cough [kɔf] *vi.* 咳嗽	phlegm [flɛm] *n.* 痰

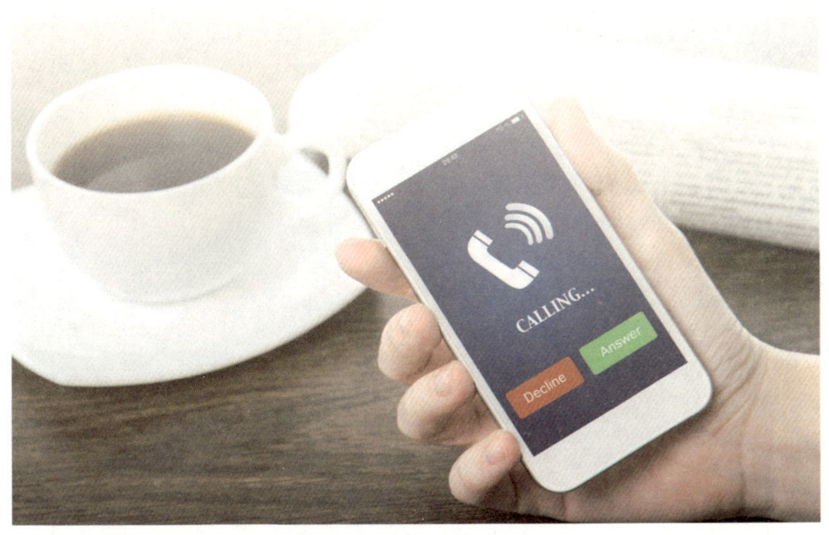

浊辅音 [v] 常见字母组合：v

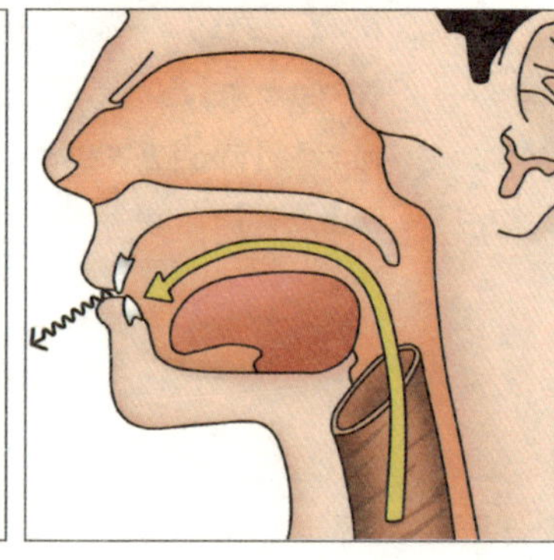

扫描二维码跟着
Johnny 老师练习

发音技巧 Pronunciation

[v] 的发音原则与 [f] 大致相同。
发此音时，上齿轻咬住下唇，再用力将气从唇齿的缝隙吹出来，注意在发浊辅音时需要振动声带。

特别提醒 Tips

[v] 的发音嘴形与 [f] 是大致相同的，也就是跟我们在念汉语拼音“f”或汉字“府”的汉语发音时的嘴形很相似，区别在于需要用力将气从唇齿的缝隙吹出来，并振动声带。由于汉语并无此音，须跟着老师多加练习。

开口读 Repeat after me

跟读单词 03-19

1. **voice** [vɔɪs] *n.* 声音
2. **nerve** [nɝv] *n.* 神经
3. **move** [muv] *vt.* 使移动；使感动
4. **virus** [ˈvaɪrəs] *n.* 病毒
5. **vacation** [veˈkeʃən] *n.* 假期
6. **vegetarian** [ˌvɛdʒəˈtɛrɪən] *n.* 素食者

跟读句子 03-20

❶ Keep your voice down.
压低你的音量。

❷ Why are you always getting on my nerves?
你为什么老是让我心烦?

❸ I was moved to tears.
我感动到哭了。

❹ There is a virus going around the office.
办公室里流行着一种病毒。

❺ I'll go on vacation next month.
我下个月要去度假。

❻ I've become a vegetarian.
我已经改吃素了。

发音比较 | Compare

扫描二维码跟着
Johnny 老师练习

国人常把 [v] 和 [w] 两个音搞混。我们特别在此区分一下。

发 [v] 音时务必要上齿咬下唇，再用力将气从唇齿的缝隙吹出。
发 [w] 音时有点类似汉语字“乌”的汉语发音。

vest [vɛst] *n.* 背心

west [wɛst] *n.* 西方

vet [vɛt] *n.* 兽医

wet [wɛt] *a.* 湿的

vine [vaɪn] *n.* 葡萄藤

wine [waɪn] *n.* 红酒

最后让我们来一起练习表扬赞美时的用语：Very [ˈvɛrɪ] well [wɛl] !（非常好！）

Unit 5

清辅音 [θ] 常见字母组合：th

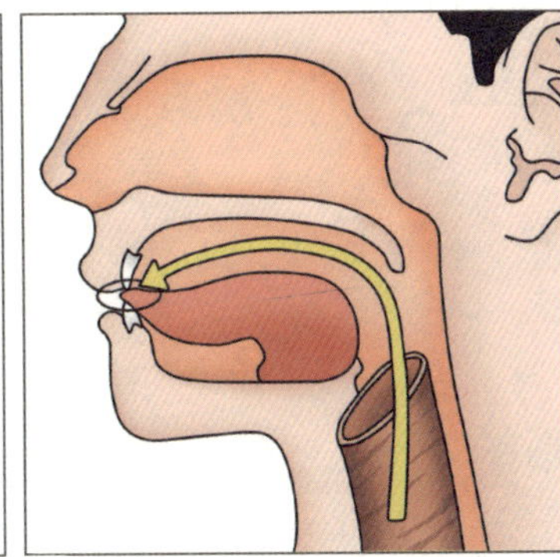

扫描二维码跟着 Johnny 老师练习

发音技巧 Pronunciation

发此音时，双唇微开，上下齿自然分开轻轻咬住舌头，再将气息从牙齿缝隙轻轻吹出来，不振动声带。

特别提醒 Tips

[θ] 发音吐气的方式与汉语拼音“s”或汉字“斯”的汉语无声音的吐气方式一致，不过要注意舌头伸出，让上下齿轻轻咬住，将气轻轻吹出即可。但是由于汉语中没有 [θ] 的发音，须跟随老师多练习找到正确的发音。

开口读 Repeat after me

跟读单词 03-21

1. **thank** [θæŋk] *vt.* 感谢
2. **throat** [θrot] *n.* 喉咙
3. **thirsty** [ˋθɝstɪ] *a.* 口渴的
4. **tooth** [tuθ] *n.* 牙齿（单数）
5. **mouth** [maʊθ] *n.* 嘴巴
6. **health** [hɛlθ] *n.* 健康

跟读句子 03-22

❶ I can't find the words to thank you enough.
我对您的感激之情无以言表。

❷ I have a sore throat.
我喉咙痛。

❸ I'm thirsty. I want to drink some water.
我好口渴。我想要喝一些水。

❹ I have a sweet tooth.
我爱吃甜食。

❺ My mouth is watering.
我在流口水。

❻ Staying up late is bad for your health.
熬夜对健康有害。

发音比较 | Compare

扫描二维码跟着 Johnny 老师练习

比较 [θ] 跟 [s] 的不同

两者皆为清辅音，国人常将两者搞混，发音时要特别注意。
念 [θ] 时舌头要伸出在上下牙齿中间，也就是必须轻轻咬住舌头，再吐气。
念 [s] 时则不需要咬住舌头，发出像是蛇的嘶嘶声。

thick [θɪk] *a.* 厚的

thing [θɪŋ] *n.* 东西

think [θɪŋk] *vi.* 想

sick [sɪk] *a.* 生病的

sing [sɪŋ] *vt.* & *vi.* 唱歌

sink [sɪŋk] *vi.* 沉没

myth [mɪθ] *n.* 神话

math [mæθ] *n.* 数学

mouth [maʊθ] *n.* 嘴巴

miss [mɪs] *vt.* 错过

mass [mæs] *a.* 大众的

mouse [maʊs] *n.* 老鼠

浊辅音 [ð] 常见字母组合：th

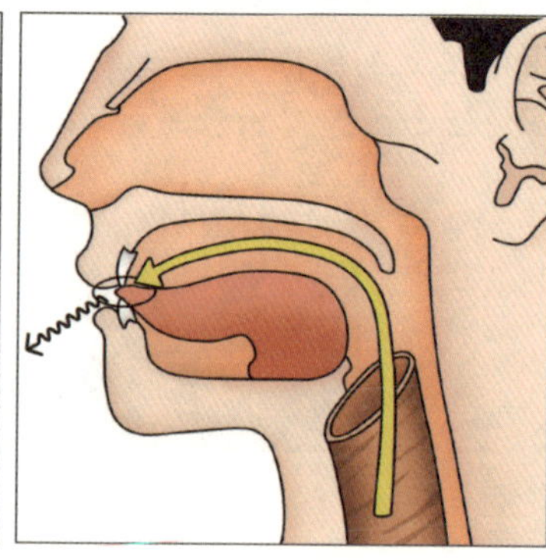

扫描二维码跟着
Johnny 老师练习

发音技巧 Pronunciation

[ð] 的发音原则与 [θ] 大致相同。
区别在于念 [ð] 时，在吐出气息的时候，尽量用上下齿堵住，只须留少量气息从牙齿缝隙中流出，并同时振动声带即可。

开口读 Repeat after me

跟读单词 03-23

1. **this** [ðɪs] *pron.* 这个
2. **these** [ðiz] *pron.* 这些
3. **though** [ðo] *conj.* & *adv.* 虽然；但是
4. **father** [ˋfɑðɚ] *n.* 父亲
5. **breathe** [brið] *vi.* 呼吸
6. **sunbathe** [ˋsʌn͵beð] *vi.* 晒日光浴

跟读句子 03-24

❶ Kate, this is James.
凯特，这位是詹姆斯。

❷ Computers are popular these days.
如今计算机非常普及。

❸ Gary is nice. I don't like him, though.
加里人很好。不过我不喜欢他。

❹ I'm a father of two.
我是两个小孩的父亲。

❺ I breathed deeply before speaking.
我在开始讲话前深吸了一口气。

❻ We are sunbathing on the beach.
我们在海滩上晒日光浴。

发音比较 | Compare

扫描二维码跟着 Johnny 老师练习

[ð] 与 [θ] 以及 [ð] 与 [z] 对比

扫一扫二维码，看看老师念这几个音标时嘴形的差异。

1. 比较 [ð] 与 [θ] 的不同

breathe [brið] *vi.* 呼吸

breath [brɛθ] *n.* 呼吸

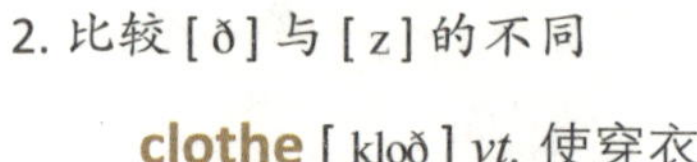

2. 比较 [ð] 与 [z] 的不同

clothe [kloð] *vt.* 使穿衣

close [kloz] *vt.* 关闭

breathe [brið] *vi.* 呼吸

breeze [briz] *n.* 微风

Unit 6

清辅音 [s] 常见字母组合：s, c

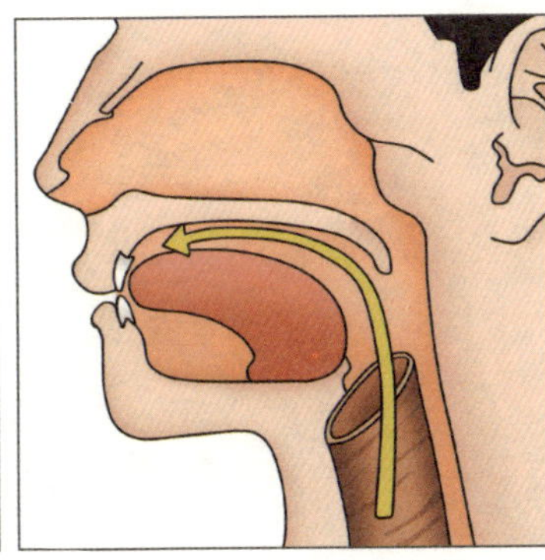

扫描二维码跟着 Johnny 老师练习

发音技巧 Pronunciation

[s] 的发音类似于汉语拼音“s”或汉字“斯”发出的无声音。
发此音时，双唇微张，上下齿轻轻闭合，向外吹气，不振动声带。

开口读 Repeat after me

跟读单词 03-25

1. **same** [sem] *a.* 相同的
2. **see** [si] *vt.* 看到；与某人约会
3. **piece** [pis] *n.* 一件
4. **speak** [spik] *vt.* 说（语言）
5. **city** [ˈsɪtɪ] *n.* 城市
6. **juicy** [ˈdʒusɪ] *a.* 多汁的

跟读句子 03-26

❶ Jack and I went to the same college.
杰克和我上同一所大学。

❷ Are you seeing anyone?
你在跟谁约会吗?

❸ There are five pieces of furniture there.
那儿有五件家具。

❹ We speak the same language.
我们说同一种语言。

❺ I prefer to live in the city.
我比较喜欢住在城市。

❻ My mouth was watering when I saw the juicy steak.
我看到那块多汁的牛排时都流口水了。

特别提醒 | Tips 03-27

1. [s] 出现在单音节或是重音节的词中时，之后有 [p] [k] [t] 等辅音，则分别要念成 [b] [g] [d] 的辅音发音。此为清辅音浊化的现象。

单音节	字典列出的音标	实际发音
space（*n.*）空间	[spes]	[sbes]
school（*n.*）学校	[skul]	[sgul]
student（*n.*）学生	[ˋstudn̩t]	[ˋsdudn̩t]

重音节	字典列出的音标	实际发音
spacious（*a.*）宽敞的	[ˋspeʃəs]	[ˋsbeʃəs]
schooling（*n.*）学校教育	[ˋskulɪŋ]	[ˋsgulɪŋ]
starter（*n.*）初级者	[ˋstartɚ]	[ˋsdartɚ]

2. [s] 出现在非重音节的词中，之后有 [p] [k] [t] 等辅音时，理论上 [p] [k] [t] 仍维持原来的念法，然而现今美国人已经将此情况下的 [p] [k] [t] 的发音也浊化成 [b] [g] [d]。

非重音节	字典列出的音标	实际发音
whisper（*n.*）悄悄话	[ˋwɪspɚ]	[ˋwɪsbɚ]
whisky（*n.*）威士忌酒	[ˋwɪskɪ]	[ˋwɪsgɪ]
sister（*n.*）姐妹	[ˋsɪstɚ]	[ˋsɪsdɚ]

3. [s] 出现在词尾，之前有 [t] 辅音时，[t] 与 [s] 不可以分开念成“特斯”，而必须要变音成像是汉字“刺”的发音，但不振动声带。

单数	复数
bat [bæt] *n.* 蝙蝠	bats [bæts]
student [ˋstudn̩t] *n.* 学生	students [ˋstudn̩ts]
seat [sit] *n.* 座位	seats [sits]

浊辅音 [z] 常见字母组合：z，s

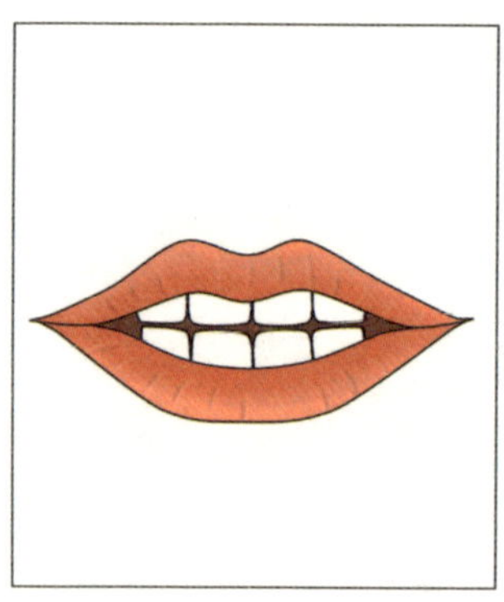

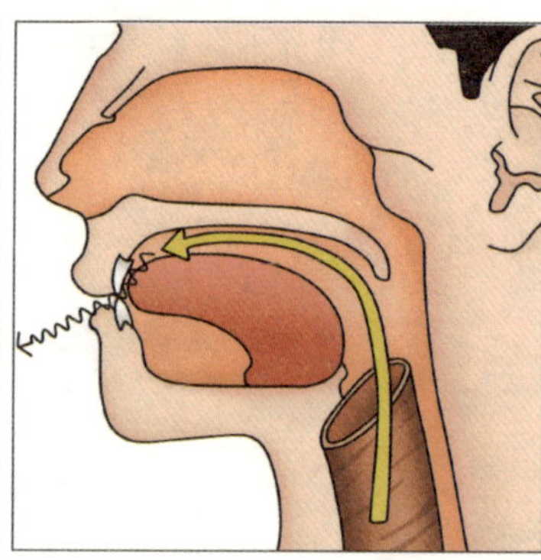

扫描二维码跟着
Johnny 老师练习

发音技巧 Pronunciation

汉语并无类似 [z] 的音。不过 [z] 的发音原则与前面介绍过的 [s] 大致相同，只是记得浊辅音要振动声带，清辅音则不振动声带。

开口读 Repeat after me

跟读单词 03-28

1. **zoo** [zu] *n.* 动物园
2. **zero** [ˋzɪro] *n.* 零
3. **breeze** [briz] *n.* 微风
4. **nose** [noz] *n.* 鼻子
5. **pause** [pɔz] *n.* & *vi.* 暂停
6. **busy** [ˋbɪzɪ] *a.* 忙碌的

跟读句子 03-29

❶ The zoo was crowded yesterday.
动物园昨天很拥挤。

❷ It was twenty degrees below zero last night.
昨晚零下二十度。

❸ The test was a breeze.
那次的考试很简单。

❹ I have a runny nose.
我一直流鼻涕。

❺ The rain fell without pause.
雨不停地下着。

❻ I'm busy washing the dishes.
我正忙着洗碗。

发音比较 | Compare

扫描二维码跟着
Johnny 老师练习

[s] 与 [z] 对比

[s] 是清辅音，[z] 是浊辅音。不过 [z] 出现在词尾时，除非强调，否则在正常语速中 [z] 发出的声音很轻，几乎像是清辅音。

loose [lus] *a.* 松的

lose [luz] *vt.* 输了

race [res] *n.* 比赛

raze [rez] *vt.* 彻底摧毁

rice [raɪs] *n.* 米

rise [raɪz] *vi.* 上升

Unit 7

清辅音 [ʃ] 常见字母组合：s，sh，c

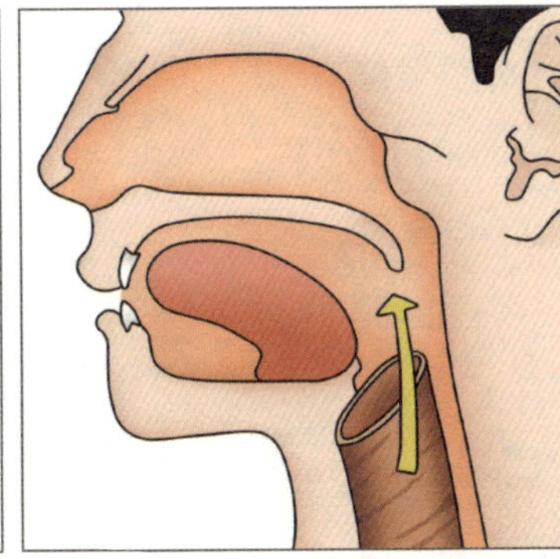

扫描二维码跟着
Johnny 老师练习

发音技巧 Pronunciation

此音类似汉语拼音“sh”或汉字“使”和“嘘”的结合无声音。发此音时，双唇翘起向前突出，上下齿微闭，舌头上扬，向外吹气，不振动声带。

开口读 | Repeat after me

跟读单词 03-30

1. **sure** [ʃʊr] *a.* 确信的
2. **sheepish** [ˋʃipɪʃ] *a.* 害羞的
3. **selfish** [ˋsɛlfɪʃ] *a.* 自私的
4. **lotion** [ˋloʃən] *n.* 护肤液
5. **attention** [əˋtɛnʃən] *n.* 注意
6. **special** [ˋspɛʃəl] *a.* 特别的

跟读句子 03-31

❶ Are you sure about that?
关于那一点你确定吗?

❷ Mike is too sheepish to ask anyone for help.
迈克过于害羞而不敢寻求任何人的协助。

❸ Linda has few friends because she's selfish.
琳达很自私，所以没什么朋友。

❹ Did you put on some suntan lotion?
你涂抹防晒乳了吗?

❺ You need to pay attention to the teacher.
你需要注意听老师讲话。

❻ There is something special about Brian.
布赖恩有特别之处。

发音比较 Compare

扫描二维码跟着
Johnny 老师练习

比较 [s] 跟 [ʃ] 的差别

发 [s] 的音时，类似汉语的“斯”，不振动声带。
发 [ʃ] 的音时，类似汉语的“需”，亦不振动声带。

song [sɔŋ] *n.* 歌曲

shone [ʃon] *vi.* 照耀（shine 的过去式）

same [sem] *a.* 相同的

shame [ʃem] *n.* 羞耻

sea [si] *n.* 海洋

she [ʃi] *pron.* 她

浊辅音 [ʒ] 常见字母组合：s

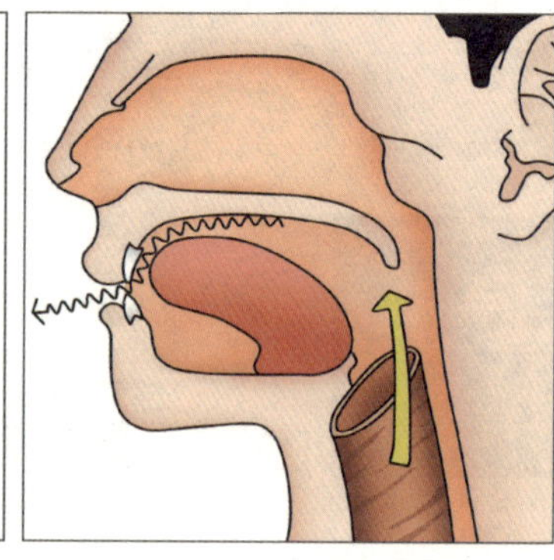

扫描二维码跟着
Johnny 老师练习

发音技巧 Pronunciation

汉语并无 [ʒ] 的音，不过 [ʒ] 的发音原则与前面的 [ʃ] 大致相同。发此音时，嘴形与发 [ʃ] 的音时一致，记得振动声带发声即可。

开口读 Repeat after me

跟读单词 03-32

1. **pleasure** [ˈplɛʒɚ] *n.* 快乐
2. **treasure** [ˈtrɛʒɚ] *n.* 宝藏 & *vt.* 珍惜
3. **measure** [ˈmɛʒɚ] *n.* 措施
4. **leisure** [ˈliʒɚ] *n.* 空闲
5. **occasion** [əˈkeʒən] *n.* 场合
6. **television** [ˈtɛləˌvɪʒən] *n.* 电视

跟读句子 03-33

❶ Nick takes no pleasure in his work.
尼克从工作中得不到乐趣。

❷ I treasure our friendship.
我珍惜我们的友情。

❸ We must take measures to reduce crime.
我们必须采取措施减少犯罪。

❹ Surfing is my favorite leisure activity.
冲浪是我最爱的休闲活动。

❺ I've met Dan on several occasions.
我见过丹几次。

❻ You spend too much time watching television.
你花太多时间看电视了。

特别提醒 | Tips 03-34

我们使用以下经典例子来比较 [ʒ] 跟 [ʃ] 的差别。

发 [ʒ] 的音时，类似汉语的“热”的有声辅音。

发 [ʃ] 的音时，类似汉语的“需”的无声辅音。

跟着外籍老师的发音，仔细分辨两者的区别。

[ʒ]	[ʃ]
pleasure [ˋplɛʒɚ] *n.* 快乐	pressure [ˋprɛʃɚ] *n.* 压力

Unit 8

清辅音 [tʃ] 常见字母组合：ch，tch

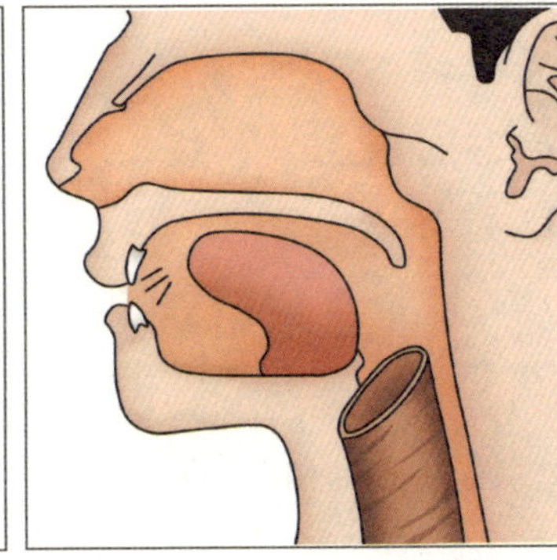

扫描二维码跟着
Johnny 老师练习

发音技巧 Pronunciation

[tʃ] 是由 [t] 与 [ʃ] 两个清辅音结合而成，其发音类似“起”和“曲”的结合无声音，把声音发得较短促即可。

特别提醒 Tips

[tʃ] 与 [ʃ] 的发音嘴形是相同的。发音时，双唇翘起向前突出，上下齿微闭几乎咬在一起，舌头微微上扬，然后憋气，再发力使气息突破上下齿而出，发出类似“起”和“曲”的结合的短促无声音。

开口读 | Repeat after me

跟读单词 03-35

1. **chase** [tʃes] *vt.* & *n.* 追逐
2. **chicken** [ˋtʃɪkɪn] *n.* 鸡 & *vi.* 退缩
3. **teach** [titʃ] *vt.* 教导
4. **lunch** [lʌntʃ] *n.* 午餐
5. **catch** [kætʃ] *vt.* 赶上（公交车、火车、飞机等）
6. **watch** [watʃ] *n.* 手表

跟读句子 03-36

❶ James is always chasing girls.
詹姆斯总是在追求女生。

❷ I chickened out at the last minute.
我在最后一刻退缩了。

❸ Can you teach me how to speak English?
您可以教我如何说英文吗？

❹ Lunch is on me.
午餐我请客。

❺ I must leave. I have to catch a train.
我得走了。我要赶搭一班火车。

❻ What time is it by your watch?
你的表显示现在几点了？

发音练习 Practice 03-37

除了 ch 或 tch 要念 [tʃ] 之外，有一些 t 的音也要念成 [tʃ] 的音。

nature [ˋnetʃɚ] *n.* 自然	mature [məˋtʃʊr] *a.* 成熟的
lecture [ˋlɛktʃɚ] *n.* 专题讲座	culture [ˋkʌltʃɚ] *n.* 文化
picture [ˋpɪktʃɚ] *n.* 图画	future [ˋfjutʃɚ] *n.* 未来

浊辅音 [dʒ] 常见字母组合：j，g，dg

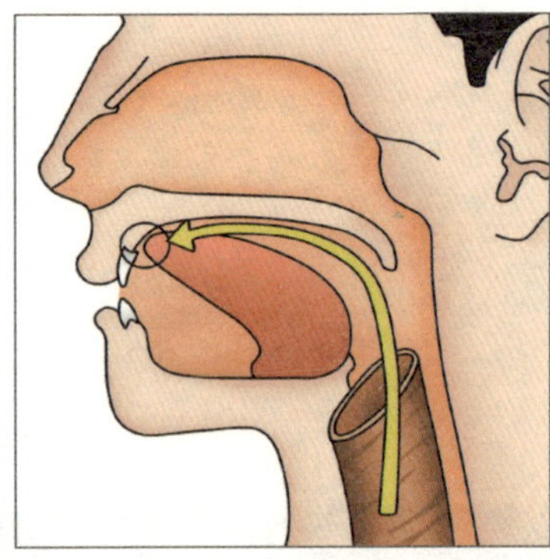

扫描二维码跟着
Johnny 老师练习

发音技巧 Pronunciation

与上面的 [tʃ] 一样，[dʒ] 由 [d] 与 [ʒ] 两个浊辅音结合而成，有点类似汉语拼音“zhe”或汉字“者”的汉语发音，但声音更为短促。
[dʒ] 的发音嘴形与 [tʃ] 是相同的，发此音时注意憋气，然后用力使气息振开上下唇而出，同时振动声带即可。

特别提醒 Tips

为了方便发音，[dʒ] 在元音前出现时，有人索性把它发成类似“zh”或汉字“指”的音。

开口读 Repeat after me

跟读单词 03-38

1. **joy** [dʒɔɪ] *n.* 愉快
2. **enjoy** [ɪn'dʒɔɪ] *vt.* 喜欢
3. **age** [edʒ] *n.* 年纪
4. **stage** [stedʒ] *n.* 阶段；舞台
5. **bridge** [brɪdʒ] *n.* 桥
6. **judge** [dʒʌdʒ] *n.* 法官；鉴定者

跟读句子 03-39

❶ To my great joy, Rita agreed to marry me.
令我很高兴的是，丽塔答应嫁给我。

❷ I enjoy learning English with Johnny.
我很喜欢和强尼一起学英语。

❸ Jay Chou showed great talent at the age of ten.
周杰伦十岁时就展现出了出色的天分。

❹ You should work hard at this stage of life.
你在人生这个阶段应该努力工作。

❺ We crossed the bridge over the river.
我们穿过了河上的桥。

❻ My father is a good judge of character.
我父亲擅长判断别人的性格。

发音比较 Compare

扫描二维码跟着 Johnny 老师练习

比较 [dʒ] 和 [tʃ] 的不同

[dʒ] 是浊辅音，在词尾时，发音很弱，有点类似汉字“局”的短促无声音。

[tʃ] 是清辅音，在词尾时，发音更弱，类似汉语“去”的短促无声音。

jeep [dʒip] *n.* 吉普车

cheap [tʃip] *a.* 便宜的

range [rendʒ] *n.* 范围

ranch [ræntʃ] *n.* 农场

bridge [brɪdʒ] *n.* 桥

branch [bræntʃ] *n.* 树枝

Unit 9

浊辅音 [m] 常见字母组合：m

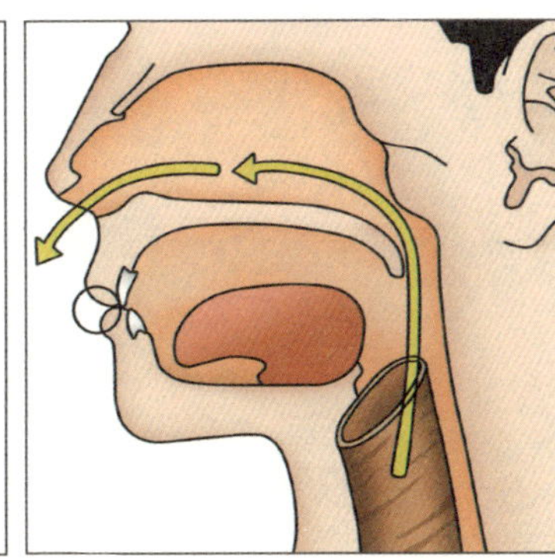

扫描二维码跟着
Johnny 老师练习

发音技巧 Pronunciation

[m] 的发音其实非常简单。发音时，双唇闭合抿起，舌头平放，振动声带，气息从鼻腔发出来即可。发出的声音就像我们在思考问题的时候闭着嘴巴发出“嗯”的鼻音（切记不要张嘴）。注意这个音是浊辅音，需要振动声带。

特别提醒 Tips

为了方便发音，有人将 [m] 作下列两种发音：
在元音前发类似汉语拼音“m”的音；
在元音后发抿着嘴巴“嗯”的鼻音。

开口读 | Repeat after me

跟读单词 03-40

1. **man** [mæn] *n.* 男子
2. **name** [nem] *n.* 名字；名气
3. **room** [rum] *n.* 房间（可数）；空间（不可数）
4. **climb** [klaɪm] *vt.* & *vi.* 爬；攀岩
5. **comb** [kom] *n.* 梳子 & *vt.* 梳
6. **moonlight** [ˋmunˌlaɪt] *n.* 月光 & *vi.* 兼职工作

跟读句子 03-41

❶ Ken is a man of his word.
肯是个言而有信的人。

❷ Sam has made a name for himself.
萨姆闯出了名气。

❸ The table takes up too much room.
这张桌子占据太多空间了。

❹ I like to go climbing on the weekends.
我周末喜欢去攀岩。

❺ Remember to comb your hair.
记得要梳头发。

❻ Mary has been moonlighting as a taxi driver.
玛丽一直在兼职当出租车司机。

发音比较 | Compare

扫描二维码跟着 Johnny 老师练习

比较 [m] 和 [n] 的不同

词尾有 [m] 的发音时，务必要将嘴巴闭紧。一般人最常犯的错误就是在念 name 的时候，最后嘴巴没闭紧。我们用以下几个词多加练习并比较 [m] 和 [n] 的差别。

RAM [ræm] *n.*（计算机的）内存

rain [ren] *n.* 雨 & *vi.* 下雨

ma'am [mæm] *n.*（尊称）女士

man [mæn] *n.* 男子

cram [kræm] *vi.* 死记硬背

crane [kren] *n.* 起重机

浊辅音 [n] 常见字母组合：n

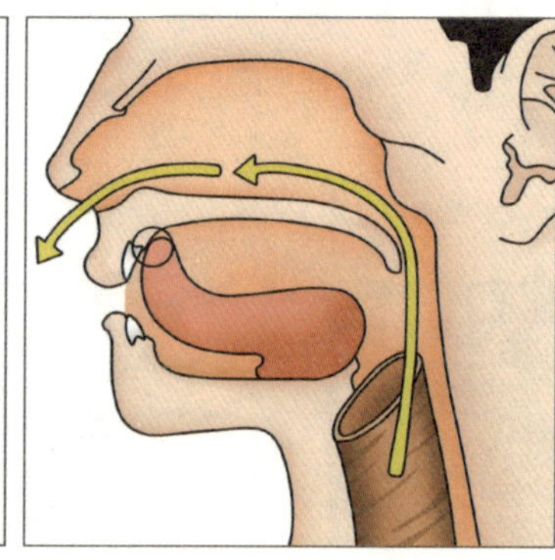

扫描二维码跟着
Johnny 老师练习

发音技巧 Pronunciation

[n] 的发音也很简单。发音时，双唇微张，舌尖上扬轻轻抵住上齿龈，振动声带，气息从鼻腔发出来即可。发出的声音就像我们用前面介绍的嘴形张嘴念“嗯”的鼻音。注意这个音是浊辅音，需要振动声带。

特别提醒 Tips

为了方便发音，有人将 [n] 作下列两种发音：
在元音前发类似汉语拼音“n”的音；
在元音后张嘴发“嗯”的鼻音（别忘了舌尖要轻轻抵住上齿龈）。

开口读 Repeat after me

跟读单词 03-42

1. **clean** [klin] *a.* 干净的
2. **fine** [faɪn] *a.* 好的 & *vt.* 罚款
3. **noon** [nun] *n.* 正午
4. **pen** [pɛn] *n.* 笔
5. **rain** [ren] *n.* 雨
6. **night** [naɪt] *n.* 晚上

跟读句子 03-43

❶ My house is always spotlessly clean.
我家总是一尘不染。

❷ I was fined for speeding.
我因为超速被罚款了。

❸ I'll be there by noon.
我会在中午前到那儿。

❹ It's a slip of the pen.
那是笔误。

❺ I was caught in the heavy rain.
我陷在大雨中。

❻ I felt better after a good night's sleep.
我好好睡了一夜后就感觉好多了。

发音比较 Compare

扫描二维码跟着 Johnny 老师练习

让我们再次比较一下 [m] 与 [n] 的差别

tame [tem] *a.* 温驯的

tan [tæn] *n.* 晒成棕色的肤色

dam [dæm] *n.* 水库

Dan [dæn] *n.* 丹（人名）

lame [lem] *a.* 跛脚的

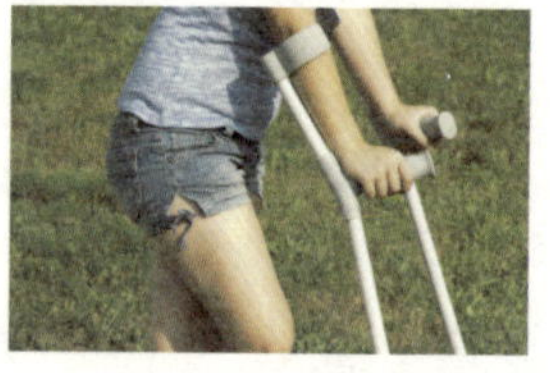

lane [len] *n.* 巷

浊辅音 [ŋ] 常见字母组合：ng，nk

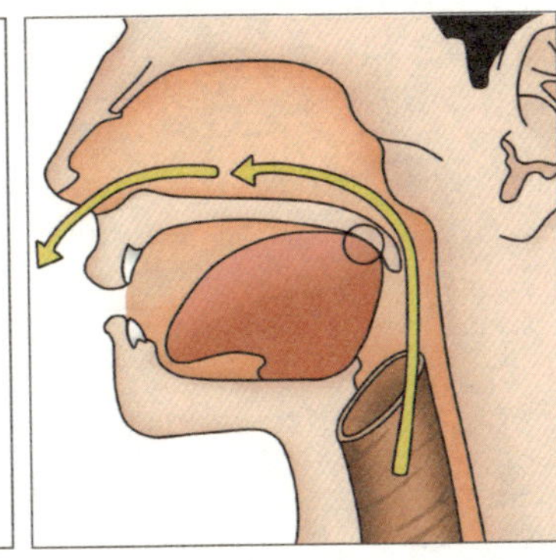

扫描二维码跟着
Johnny 老师练习

发音技巧 Pronunciation

[ŋ] 与前面说到的 [n] 的发音很类似，唯一不同处就是发 [ŋ] 的音时，舌尖不要抵住上齿龈。注意这个音也是浊辅音，需要振动声带发音。
发 [ŋ] 的音时，双唇微张，舌头平放，振动声带，气息从鼻腔发出来即可。发出的声音似拼音“eng”或汉字“横”的尾音。

特别提醒 Tips

[ŋ] 通常出现在词尾有 ng 或 nk 的英文词中。

开口读 | Repeat after me

跟读单词 03-44

1. **long** [lɔŋ] *a.* 长的
2. **think** [θɪŋk] *vt.* 想；认为
3. **sing** [sɪŋ] *vt.* & *vi.* 唱歌
4. **thank** [θæŋk] *vt.* 感谢
5. **bank** [bæŋk] *n.* 银行
6. **junk** [dʒʌŋk] *n.* 垃圾

跟读句子 03-45

❶ I'm tired. It's been a long day.
我累了。这一天可真够长的。

❷ Am I right in thinking that you've fallen in love with me?
我想你是爱上我了，对吗？

❸ The mother sang the baby to sleep.
那位妈妈哼着歌把宝宝哄睡了。

❹ I can't find the words to thank you enough.
我找不到适当的话语来充分表达对你的感激之情。

❺ Your salary will be paid directly into the bank.
你的工资会被直接打到银行。

❻ Living on junk food day in day out is bad for your health.
天天都把垃圾食物当饭吃对你的健康有害。

发音比较 Compare

扫描二维码跟着 Johnny 老师练习

1. 比较 [ŋ] 与 [n] 的不同

发 [n] 的音时，舌尖要抵住上齿龈；

发 [ŋ] 的音时，舌头要平放，震动声带，声音从鼻腔出来。

sing [sɪŋ] *vi.* 唱

sin [sɪn] *n.* 罪

wing [wɪŋ] *n.* 翅膀

win [wɪn] *n.* 胜利 & *vt.* 赢

thing [θɪŋ] *n.* 东西

thin [θɪn] *a.* 瘦的

2. 比较 [ŋɚ] 和 [ŋgɚ] 的不同

发 [ŋɚ] 的音时，要在 [ŋ] 后面加一个类似汉字"尔"的发音；

发 [ŋgɚ] 的音时，要在 [ŋ] 后面加一个类似汉字"戈尔"的发音。

[ŋɚ]	[ŋgɚ]
singer [ˋsɪŋɚ] *n.* 歌手	finger [ˋfɪŋgɚ] *n.* 手指
hanger [ˋhæŋɚ] *n.* 衣架	anger [ˋæŋgɚ] *n.* 生气

Unit 10

浊辅音 [l] 常见字母组合：l

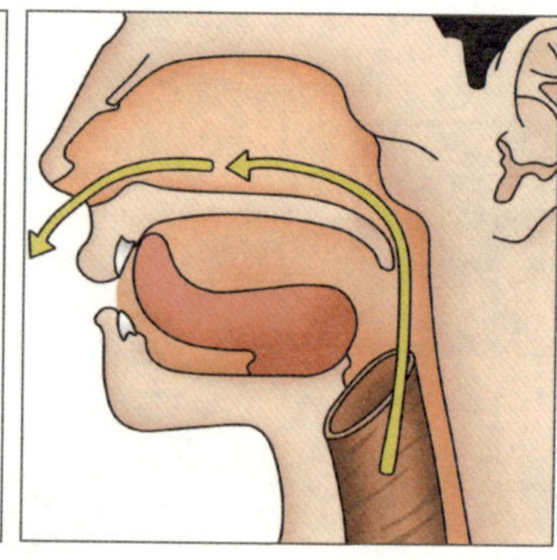

扫描二维码跟着 Johnny 老师练习

发音技巧 Pronunciation

发 [l] 的音时，双唇要张大些，舌尖上扬抵住上门牙后方，振动声带，气息由舌头两侧出来。[l] 的发音类似我们在发出汉语拼音“l”或汉字“乐”之前，保持舌头翘起抵住上齿龈，并振动声带发出的声音。

特别提醒 Tips

为了方便发音，有人将 [l] 作下列两种发音：

在元音前发汉语拼音“l”的音；

在元音后发类似汉语拼音“ou”或汉字“藕”的发音，不过务必要让舌尖翘起，并且抵住上门牙后方。

开口读 Repeat after me

跟读单词 03-46

1. **length** [lɛŋθ] *n.* 长度
2. **lend** [lɛnd] *vt.* 借出
3. **black** [blæk] *a.* 黑色的 & *n.* 黑色
4. **cold** [kold] *a.* 冷的
5. **goal** [gol] *n.* 目标
6. **world** [wɝld] *n.* 世界

跟读句子 03-47

❶ The river is two kilometers in length.
这条河长度为两公里。

❷ Can you lend me a helping hand?
你可以帮我一个忙吗?

❸ The company is in the black this year.
这家公司今年有盈余。

❹ It's freezing cold today.
今天冷死了。

❺ You need to set a goal for yourself.
你需要为自己定一个目标。

❻ This meal is out of this world.
这顿饭真是美味极了。

发音练习 Practice 03-48

1. 比较 [l] 与 [n]

湖南人的乡音容易将 [l] 和 [n] 两个音混淆，所以我们用以下单词来练习一下。

lame [lem] *a.* 跛脚的；无说服力的	name [nem] *n.* 名字

2. 比较 [l] 与 [r]

长久以来我们都知道日本人对这两个音发音有困难。我们来看以下练习。

clan [klæn] *n.* 亲族	lane [len] *n.* 巷，弄	locker [ˋlakɚ] *n.* （学校、健身房或车站的）置物柜
crane [kren] *n.* 鹤；起重机	rain [ren] *n.* 雨	rocker [ˋrakɚ] *n.* 摇滚乐手

浊辅音 [r] 常见字母组合：r

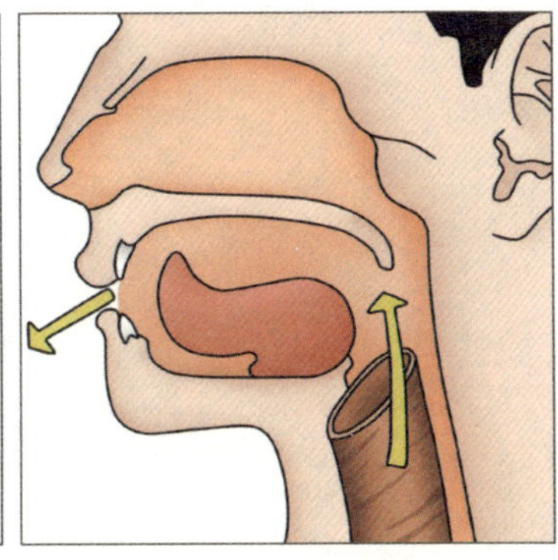

扫描二维码跟着
Johnny 老师练习

发音技巧 Pronunciation

[r] 是卷舌音。发音时，双唇张开并微微噘起，嘴形像发元音 [u] 的嘴形，舌尖上扬，稍稍卷起，振动声带，气息由舌头两侧出来。

特别提醒 Tips

为了方便发音，有人将 [r] 作下列两种发音：
在元音前发类似汉语拼音“r”的发音；
在元音后发类似汉语拼音“er”的儿化音。

开口读 Repeat after me

跟读单词 03-49

1. **run** [rʌn] *n.* & *vi.* 跑步
2. **red** [rɛd] *a.* 红色的 & *n.* 红色
3. **room** [rum] *n.* 房间（可数）；空间（不可数）
4. **read** [rid] *vt.* 阅读
5. **write** [raɪt] *vt.* 写
6. **answer** [ˋænsɚ] *n.* 答案

跟读句子 03-50

❶ I go for a run almost every morning.
我几乎每个早上都会去跑步。

❷ The company is in the red this year.
该公司今年亏损。

❸ The table takes up too much room.
这张桌子占据太多空间了。

❹ I can read your mind.
我可以看透你的心思。

❺ Don't forget to write me a letter.
别忘了写封信给我。

❻ This is the answer to the question.
这是该问题的答案。

发音比较 | Compare

扫描二维码跟着 Johnny 老师练习

比较 [l] 与 [r] 的不同

念 [l] 时，舌尖要翘起抵住上齿龈；
念 [r] 时，舌头要卷起来，不需要抵住上齿龈。

collect [kə'lɛkt] *vt.* 收集

correct [kə'rɛkt] *a.* 正确的

alive [ə'laɪv] *a.* 活的

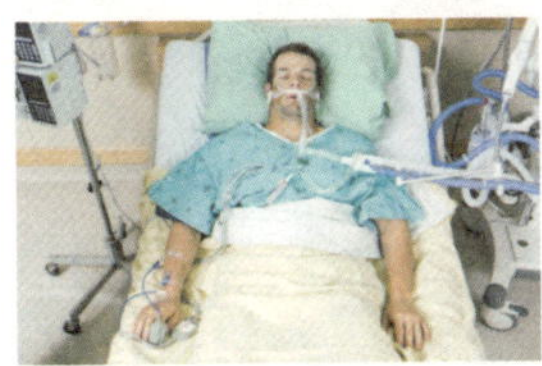

arrive [ə'raɪv] *vi.* 抵达

lice [laɪs] *n.* 虱子（louse 的复数）

rice [raɪs] *n.* 米

Unit 11

浊辅音 [j] 常见字母组合：y

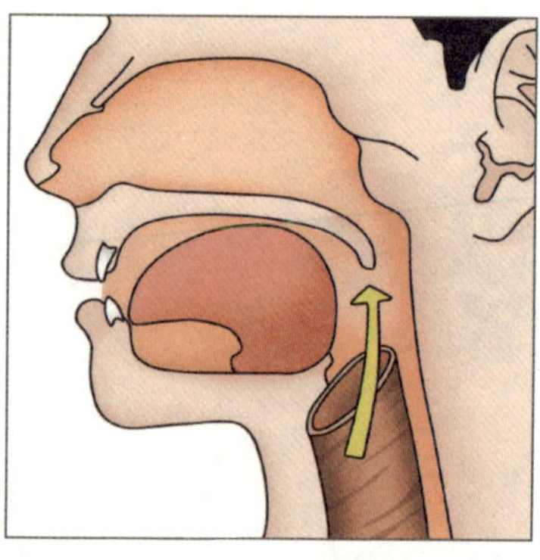

扫描二维码跟着
Johnny 老师练习

发音技巧 | Pronunciation

[j] 的发音类似汉语拼音“i”与“e”的连音，或汉字“爷”的汉语发音。

发此音时，双唇微开，舌尖轻轻抵住下齿龈，舌头中间的部位翘起，振动声带，用力发出像“ye”或“爷”的短促有声音。

特别提醒 | Tips

[j] 总是出现在元音之前。因此为了方便发音，有人把 [j] 作汉语拼音“yi”的发音。

开口读 Repeat after me

跟读单词 03-51

1. **young** [jʌŋ] *a.* 年轻的
2. **year** [jɪr] *n.* 年
3. **yell** [jɛl] *vi.* 大骂；大叫
4. **yummy** [ˋjʌmɪ] *a.* 美味的
5. **backyard** [ˋbæk,jɑrd] *n.* 后院
6. **yesterday** [ˋjɛstɚde] *n.* 昨天

跟读句子 03-52

❶ They married young.
他们婚结得很早。

❷ The museum is open all year round.
这座博物馆全年开放。

❸ Tom yelled at the taxi driver.
汤姆冲着出租车司机大骂。

❹ This cake looks yummy.
这块蛋糕看起来好好吃哦。

❺ There is a small garden in our backyard.
我们家后院有一座小花园。

❻ Where were you the day before yesterday?
你前天去哪儿啦?

特别提醒 | Tips 03-53

1. 英式英语中，常有 [tju] 或 [nju] 的发音，但是在美式英语中，通常会将 [j] 的音省略，而念成 [tu] 或 [nu] 的音。

	英式发音	美式发音
tumor (*n.*) 肿瘤	[ˋtjumɚ]	[ˋtumɚ]
student (*n.*) 学生	[ˋstjudn̩t]	[ˋstudn̩t]
news (*n.*) 新闻	[njuz]	[nuz]

2. 在美式英语中，一个词结尾若是 s，下一个词词首是 y 时，会有变音现象，念成 [ʃ]；若一个词结尾是 t，下一个词词首是 y 时，也会有变音现象，念成 [tʃ]。

	本来念成	实际念成
this year 今年	[ðɪsˋjɪr]	[ðɪsˋʃɪr]
last year 去年	[læstˋjɪr]	[læsˋtʃɪr]

Unit 12

清辅音 [h] 常见字母组合：h

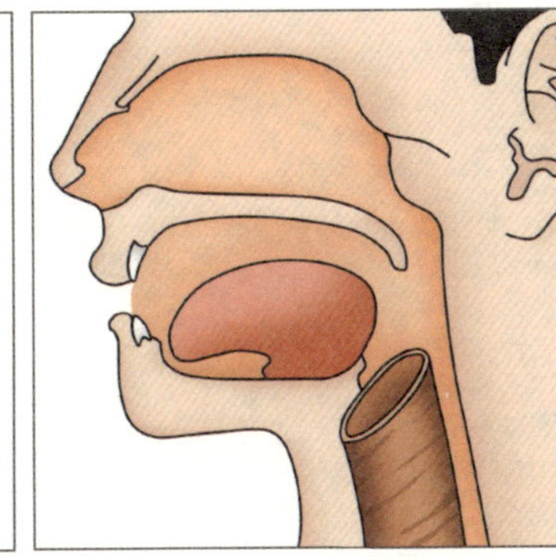

扫描二维码跟着 Johnny 老师练习

发音技巧 | Pronunciation

此音与汉语拼音“h”或汉字“喝”的无声音十分类似。
发音时，嘴半开，上下齿亦张开，舌头自然平放在口腔中，不振动声带，同时向外呵气即可。

特别提醒 | Tips

[h] 通常出现在元音前面。为了方便发音，有人将 [h] 当作汉语拼音的“h”来念。

开口读 Repeat after me

跟读单词 03-54

1. **hot** [hɑt] *a.* 热的
2. **hat** [hæt] *n.* 帽子
3. **hair** [hɛr] *n.* 头发
4. **home** [hom] *n.* 家
5. **horse** [hɔrs] *n.* 马
6. **hand** [hænd] *n.* 手 & *vt.* 递交

跟读句子 03-55

❶ It's scorching hot today.
今天热死了。

❷ I tip my hat to you, Peter.
我很钦佩你，彼得。

❸ I had my hair cut yesterday.
我昨天去剪头发了。

❹ Make yourself at home.
别拘束。

❺ I'm so hungry I could eat a horse.
我很饿，饿到可以吃下一匹马了。

❻ Hand it to me now.
现在把那样东西交给我。

发音比较 Compare

扫描二维码跟着 Johnny 老师练习

[h] 与 [f] 对比

我们比较一下 [h] 和 [f] 的音，福建省泉州、漳州一带的人在发这两个音时会容易混淆。

ham [hæm] *n.* 火腿

fan [fæn] *n.* 粉丝

hat [hæt] *n.* 帽子

fat [fæt] *a.* 肥胖的

home [hom] *n.* 家

foam [fom] *n.* 泡沫

浊辅音 [w] 常见字母组合：w，wh

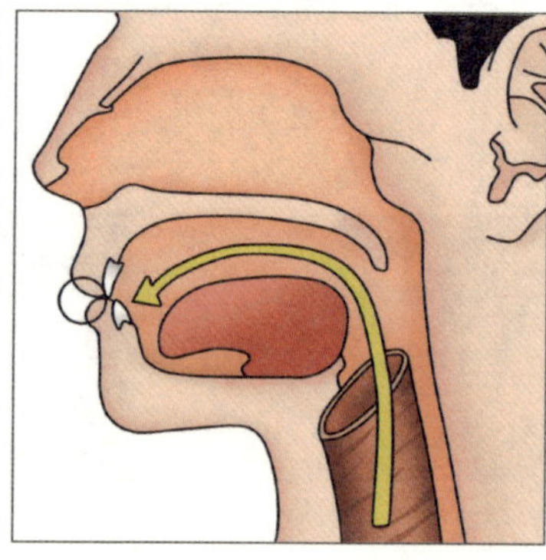

扫描二维码跟着
Johnny 老师练习

发音技巧 | Pronunciation

[w] 的发音类似汉语拼音“w”或汉字“呜”的汉语发音。
发此音时，双唇向前突出，振动声带即可。

特别提醒 | Tips

[w] 总是出现在元音之前。为了方便发音，有人索性就把 [w] 视作汉语拼音的“w”来发音。

开口读 Repeat after me

跟读单词 03-56

1. **wood** [wʊd] *n.* 木头
2. **wind** [wɪnd] *n.* 风
3. **window** [ˈwɪndo] *n.* 窗户
4. **work** [wɝk] *n.* & *vi.* 工作
5. **word** [wɝd] *n.* 词；承诺
6. **world** [wɝld] *n.* 世界

跟读句子 03-57

❶ The table is made of wood.
这张桌子是木头做的。

❷ The trees are swaying in the strong wind.
这些树在强风中摇曳。

❸ Would you mind closing the window for me?
你介意帮我把窗关起来吗?

❹ I have a lot of work to do.
我有很多工作要做。

❺ Tom is as good as his word.
汤姆说话算数。

❻ My dream is to travel around the world.
我的梦想是周游世界。

发音比较 | Compare

扫描二维码跟着 Johnny 老师练习

我们比较一下 [w] 和 [v] 的发音

发 [w] 的音时，有点类似汉字的“呜”，振动声带；
发 [v] 的音时，记得务必要上齿咬下唇，振动声带。

wine [waɪn] *n.* 红酒

vine [vaɪn] *n.* 藤蔓

wet [wɛt] *a.* 湿的

vet [vɛt] *n.* 兽医

wax [wæks] *n.* 蜡

vex [vɛks] *vt.* 使生气

Chapter 4

特殊的发音规则

Unit 1

连音

学习音标可以帮助我们正确念出英文单词的发音，然而当诸多英文单词组合形成短语或句子时，单词间的读音就会连在一起。

外国人在日常交谈时，是不会把单词一个字母一个字母分别念出来的，而是整串单词脱口而出，而此时产生的连音现象就是让初学者听不懂英语的主要原因。

一般而言，在句子或短语之中的某一词词尾若是辅音，接下来的词前缀是元音时，在正常速度的念法中，是要连在一起念的。以下列句子为例：

Look it up.
慢速念法 [lʊk] [ɪt] [ʌp]
连音念法 [ˌlʊkɪˋtʌp]

不习惯听连音的读者可能会问："[ˌlʊkɪ] 及 [ˋtʌp] 分别是什么词呀？我都没学过啊。"其实这里的发音都是很自然的，**前面有辅音，后面有元音，**说快了就自然而然地连在一起了。因此，我们应及早熟悉连音的念法，以增强我们的听力及会话能力，我们用以下例子练习：04-01

[p] + 元音	keep out	wrap it up	keep it up
	[ˌkiˋpaʊt]	[ˌræpɪˋtʌp]	[ˌkipɪˋtʌp]
	不进入	把它包起来	保持好表现

[t] + 元音	put it out	get up	shut up
	[ˌpʊtɪˋtaʊt]	[ˌgɛˋtʌp]	[ˌʃʌˋtʌp]
	把它熄灭	起床	闭嘴

[d] + 元音	hold on	hand it out	fade away
	[ˌholˋdɑn]	[ˌhændɪˋtaʊt]	[ˌfedəˋwe]
	等一下	把它分下去	逐渐消失

[k] + 元音	look out	pick it up	look at it
	[ˌluˋkaut]	[ˌpɪkɪˋtʌp]	[ˋlukæˌtɪt]
	注意	把它捡起来	看着它

[m] + 元音	come on	come in	name it
	[ˌkɑˋmɑn]	[ˌkɑˋmɪn]	[ˋneˌmɪt]
	快点	进来	说出名字

[n] + 元音	in an hour	turn out...	turn around
	[ˌɪnəˋnaur]	[ˌtɝˋnaut]	[ˌtɝnəˋraund]
	一小时后	原来是……	转过来

[r] + 元音	fair enough	cover up...	up for it
	[ˌfɛrɪˋnʌf]	[ˌkʌvəˋrʌp]	[ˋʌpfəˌrɪt]
	说得对	掩盖……	愿意参加那活动

[v] + 元音	leave out...	give up	give it away
	[ˌliˋvaut]	[ˌgɪˋvʌp]	[ˌgɪvɪtəˋwe]
	遗漏，排除……	放弃	把它赠送出去 / 泄露想法

跟读句子 04-02

❶ Come on! Keep it up! 加油！继续努力！

❷ Knock it off. I have tons of work to do.
别吵了。我有很多工作要做。

❸ Would you like a cup of tea? 您要一杯茶吗？

❹ Please think about it. 请好好考虑一下。

Unit 2-1

吞音（1）

如果某词是辅音结尾的，而后面又是以相同的辅音开头的时候，通常前面那个词的辅音就被省略掉了，只念出后面那个词的辅音即可。这种情形常发生在 [p] [t] [d] [k] [g] 这几个辅音出现的情况下。以下是一个词词尾和下一个词词首同样字母的情况。04-03

[p]+[p]	deep pocket	stop paying	keep playing
	[ˌdi*ˋpakɪt]	[ˋsta*ˌpeɪŋ]	[ˋki*ˌpleɪŋ]
	财力雄厚	停止付钱	持续玩
[t]+[t]	hot temper	part two	put to use
	[ˌha*ˋtɛmpɚ]	[ˌpar*ˋtu]	[ˌpʊ*tuˋjuz]
	急躁的脾气	第二部分	付诸使用
[d]+[d]	good deal	cold drink	red desk
	[ˌgʊ*ˋdil]	[ˌkol*ˋdrɪŋk]	[ˌrɛ*ˋdɛsk]
	划算，好交易	冷饮	红色的桌子
[k]+[k]	take cover	black cat	book club
	[ˋte*ˌkʌvɚ]	[ˌblæ*ˋkæt]	[ˋbʊ*ˌklʌb]
	躲藏	黑猫	读书会
[g]+[g]	big gain	big goal	big guy
	[ˌbɪ*ˋgen]	[ˌbɪ*ˋgol]	[ˌbɪ*ˋgaɪ]
	巨大的收获	远大的目标	大家伙

Unit 2-2

吞音（2）

辅音在词尾时经常不需要发出完全音，做出嘴形再憋气就可以了。因此，**凡是一个词词尾是辅音，而后一个词词首也是辅音，直接发出后面单词的辅音即可。**这种情形常发生在 [p] [t] [d] [k] [g] 这几个辅音出现的情况下。以下是一个词词尾和下一个词词首不同字母的情况。04-04

[t]+[d]	hot dog	hot day	turn it down
	[ˌhɑ*ˋdɔg]	[ˌhɑ*ˋde]	[ˌtɝnɪ*ˋdaʊn]
	热狗	热天	关小

[d]+[t]	red tape	cold tea	good time
	[ˌrɛ*ˋtep]	[ˌkol*ˋti]	[ˌgʊ*ˋtaɪm]
	官僚作风	冷茶	好时光

[k]+[g]	dark green	black gold	dark glasses
	[ˌdɑr*ˋgrin]	[ˌblæ*ˋgold]	[ˌdɑr*ˋglæsɪz]
	深绿色	黑金（石油）	深色的眼镜

[p]+[b]	cheap bread	damp box	deep breath
	[ˌtʃi*ˋbrɛd]	[ˌdæm*ˋbɑks]	[ˌdi*ˋbrɛθ]
	便宜的面包	潮湿的盒子	深呼吸

Unit 2-3

吞音 [t] 与 [d] 的省略

在正常速度的日常对话中，**当词尾出现 [t] 或 [d] 的音时，通常不会把 [t] 或 [d] 的发音清楚地念出来，而是快要念出来时，马上憋气顿息，因此在日常生活的英语中，词尾 [t] 或 [d] 的发音常常是听不到的。**以下各句中不发完全音的 [t] 和 [d] 已被表示憋气顿息的 “*” 给代替了。04-05

I don't know. 我不知道。
[don*]

Don't worry about it. 不要担心。
[don*] [ɪ*]

Don't get me wrong. 不要误解我的意思。
[don*] [gɛ*]

Good morning! 早上好！
[gʊ*]

You should try it. 你应该试一试。
[ʃʊ*] [ɪ*]

No news is good news. 没消息就是好消息。
[gʊ*]

This might just be perfect for you. 这可能正是最适合你的。
[maɪ*] [dʒʌs*] [ˋpɝfɛk*]

Unit 3-1

变音 [s] 后的清辅音浊化

1. 所谓的清辅音浊化就是不发清辅音的发音，而把它浊化，发出对应浊辅音的发音。**一般来说，当 [s] 出现在单音节或是重音节的词中时，且之后有 [p] [k] [t] 等辅音，则分别要念成 [b] [g] [d] 的辅音发音。** 04-06

单音节	字典列出的音标	实际发音
space (*n.*) 空间	[spes]	[sbes]
school (*n.*) 学校	[skul]	[sgul]
student (*n.*) 学生	[ˋstudn̩t]	[ˋsdudn̩t]

重音节	字典列出的音标	实际发音
spacious (*a.*) 宽敞的	[ˋspeʃəs]	[ˋsbeʃəs]
schooling (*n.*) 学校教育	[ˋskulɪŋ]	[ˋsgulɪŋ]
starter (*n.*) 初级者	[ˋstɑrtɚ]	[ˋsdɑrtɚ]

2. 而 [s] 出现在非重音节的时候，现今的美国人也常将 [p] [k] [t] 浊化成 [b] [g] [d]。

非重音节	字典列出的音标	实际发音
whisper (*n.*) 悄悄话	[ˋwɪspɚ]	[ˋwɪsbɚ]
whisky (*n.*) 威士忌酒	[ˋwɪskɪ]	[ˋwɪsgɪ]
sister (*n.*) 姐妹	[ˋsɪstɚ]	[ˋsɪsdɚ]

Unit 3-2

变音 [t] 发音模糊化

在正常速度的日常对话中，**当词尾出现 [t] 的辅音，而后面一词的前缀是元音的时候，[t] 的发音通常会变成介于汉语拼音“l”与“t”之间的含糊音，也就是既像“l”又像“t”的音。**在练习的时候，不妨把 [t] 当成 [l]，再跟着外籍老师多模仿、练习。04-07

Let it go. 随它去吧。
[ˌlɛlɪˋgo]

Not at all. 一点儿也不。
[ˌnɑlæˋlɔl]

Throw it out. 把它扔出去。
[ˌθroɪˋlaʊt]

I gotta do my homework now. 我现在要做作业了。
[aɪˋgɑlə]

There is nothing you can do about it. 你对此毫无办法。
[əˋbaʊlɪt]

Unit 3-3

变音 [t] [d] 与 [j] 的同化

在正常速度的日常对话中，**当词尾出现 [t] 或 [d] 时，而后面一词的前缀是 [j] 时，[t] 与 [j] 就会连成一个音，同化成 [tʃ] 的音；[d] 与 [j] 就会连成一个音，同化成 [dʒ] 的音**。这个现象最常见的就是在you [ju]（你；你们）这个词身上，我们来看一下相关的短语：04-08

[t] + [j] → [tʃ]

you 相关短语	字典列出的音标	实际发音
kept you	[ˋkɛpt͵ju]	[ˋkɛptʃu]
meet you	[ˋmit͵ju]	[ˋmitʃu]
want you	[ˋwant͵ju]	[ˋwantʃu]

[d] + [j] → [dʒ]

you 相关短语	字典列出的音标	实际发音
could you	[͵kʊdˋju]	[͵kʊˋdʒu]
did you	[͵dɪdˋju]	[͵dɪˋdʒu]
would you	[͵wʊdˋju]	[͵wʊˋdʒu]

我们再跟着例句练习一次：04-09

I'm sorry to have kept you waiting. 抱歉让你一直等着。

[ˋkɛp ˏtʃu]

Nice to meet you. 很高兴认识你。

[ˋmi ˏtʃu]

I want you to be my friend. 我想要你做我朋友。

[ˋwɑn ˏtʃu]

Could you pass me the salt? 你可以把盐递给我吗？

[ˏkʊ ˋdʒu]

What did you do last summer? 你去年夏天做了什么？

[ˏdɪ ˋdʒu]

What would you like for dinner? 你晚餐想吃什么？

[ˏwʊ ˋdʒu]

Unit 3-4

变音 不完全爆破

爆破音有6个：[p] [b] [t] [d] [k] [g]

1. 当两个爆破音相遇时，前面的爆破音不爆破。

方法是：**前一个爆破音，只做发音的口形，还未发声时，立即憋气，直接发出第二个爆破音。**这种现象叫作失去爆破，发音技巧与前面介绍的吞音一致。

2. 记忆方式：爆破音+ 爆破音 → 不完全爆破

[p] [b] [t] [d] [k] [g]这样的组合出现时，前面的爆破音就需要不完全爆破。

例如：04-10

单词	字典发音	实际发音
active	[ˈæktɪv]	[ˈæ*tɪv]
football	[ˈfʊtbɔl]	[ˈfʊ*bɔl]
dictation	[dɪkˈteʃən]	[dɪ*ˈteʃən]
blackboard	[ˈblækbɔrd]	[ˈblæ*bɔrd]
practice	[ˈpræktɪs]	[ˈpræ*tɪs]

Unit 4-1

复数以及第三人称单数 s 的发音 04-11

1. 当 s 出现在清辅音之后时发 [s] 的音，如：
   books, stops, desks

2. 当 s 出现在浊辅音之后时发 [z] 的音，如：
   plays, rows, toys

3. 在加 es 的时候发 [ɪz] 的音，如：
   washes, watches

Unit 4-2

过去式、过去分词 ed 的发音

ed 的发音是 [t] [d] 或 [ɪd] 与上面介绍的 s 的发音一样，也是看前面的发音是清辅音还是浊辅音来决定的。**当 ed 出现在清辅音之后时发 [t] 的音；当 ed 出现在浊辅音之后时发 [d] 的音**。简单来说就是"**遇清则清，遇浊则浊**"。如：04-12

1. 清辅音 [p] [k] [f] [s] [ʃ] 等后，ed 要读 [t]，如：
   worked, finished, helped, danced, stopped

2. 元音或浊辅音 [b] [g] [v] [z] [m] 等后，ed 要读 [d]，如：
   played, prayed, lived, called, spelled, loved

3. [t] 或 [d] 后，ed 要读 [ɪd]，如：
   started, needed, wanted

Unit 5

语调

语调分为**上扬语调**、**下降语调**、**上下兼容语调**。04-13

1. 一般疑问句，也就是可以用 Yes 或 No 回答的问句。
   这样的问句使用**上扬语调**：**May I help you?**

2. 特殊疑问句，也就是不可以用 Yes 或 No 回答的问句，而是要回答具体内容的问句。
   这样的问句使用**下降语调**：**How may I help you?**

3. 提供两个选项供选择的问句。
   这样的问句使用**上下兼容语调**：
   Smoking or non-smoking?
   Would you like a table inside or outside?

Chapter 5

轻读与重读的原则

轻读与重读的原则

轻读与重读的原则其实很好理解，只要用常理来理解就可以了。

功能性的词汇轻读，例如：

冠词：	a, an, the
介词：	in, at, on, to 等
代词：	I, you, he, she 等
连词：	and, but, after 等
助动词：	be, has / have , will 等

内容性的词汇重读，例如：

名词：	人物、地点、事物等
动词：	eat, play, go 等
否定词：	no, not, don't, can't 等
形容词：	big, expensive 等
副词：	quickly, finally, too 等
数字：	one, fifty, two hundred 等
疑问代词：	who, what, where 等
指示词：	his, that, those, these 等

下面我们来看下面句子的重读示范：05-01

- I **enjoy volleyball** because I **like outdoor sports** and **group activities**.
- The **woman disagrees** with the **new fees**. She **thinks** that they are **too high** and **unnecessary**.

Chapter 6

停顿原则

停顿原则

停顿也就是断句，断句在日常表达中很重要，这样即使在说话速度不是很快的时候，也可以让我们的交流显得自然、连贯。

句子可以按照意群 thought group（即“意思的群落”）适当断开、稍加停顿，断开的几部分都具有相对完整的意思。这样，你每一次停顿，别人都会听懂你表达的意思，不至于前言不搭后语。

根据上面介绍的停顿原则，我们来看下面的例子：06-01

English / is an international language. / Therefore, / it is necessary / for us / to learn it. / It can be rewarding / or / just a waste of time. / It's up to you. / It depends on / how you study it. / Here are some tips / on how to learn English. / First, / don't be afraid / to make mistakes. / You will learn from them. / Second, / you must not be shy. / Be thick-skinned / and / speak up! / Finally, / you must be patient. / Remember, / "Rome wasn't built / in a day."

在今后的英语学习中要多体会停顿原则，加强自己对英语的感觉，这就是所谓英语语感的培养，再多听多练，学习英语就会事半功倍。跟着常春藤的王牌师资，你在英语学习的道路上一定能成功！

练就元音正确发音对比练习卡

seat [sit] *n.* 座位	heat [hit] *n.* 热；炎热	meat [mit] *n.* 肉
sit [sɪt] *vi.* 坐下	hit [hɪt] *vt.* 打	mitt [mɪt] *n.* 棒球手套

waiter [ˋwetɚ] *n.* 服务员	plate [plet] *n.* 盘子	fake [fek] *a.* 假的
weather [ˋwɛðɚ] *n.* 天气	peg [pɛg] *n.* 木钉	feather [ˋfɛðɚ] *n.* 羽毛

bad [bæd] *a.* 坏的	bag [bæg] *n.* 袋子	land [lænd] *n.* 土地
bed [bɛd] *n.* 床	beg [bɛg] *vt.* & *vi.* 乞求	lend [lɛnd] *vt.* 借给

block [blɑk] *n.* 街区	cop [kɑp] *n.* 警察	mop [mɑp] *n.* 拖把
black [blæk] *a.* 黑色的	cap [kæp] *n.* 棒球帽	map [mæp] *n.* 地图

low [lo] *a.* 低矮的	bowl [bol] *n.* 碗	sow [so] *vt.* 播种
law [lɔ] *n.* 法律	ball [bɔl] *n.* 球	saw [sɔ] *n.* 锯子

flaw [flɔ] *n.* 瑕疵	mall [mɔl] *n.* 商场	bought [bɔt] *vt.* 买
flow [flo] *vi.* （水）流动	mow [mo] *vt.* 割草	boat [bot] *n.* 船

pool [pul] *n.* 泳池	fool [ful] *n.* 傻子	food [fud] *n.* 食物
pull [pʊl] *vt.* 拉	full [fʊl] *a.* 吃饱的	foot [fʊt] *n.* 脚（单数）

sugar [ˋʃʊgɚ] *n.* 糖	put [pʊt] *vt.* 放	book [bʊk] *n.* 书
smooth [smuð] *a.* 顺的	root [rut] *n.* 根	boot [but] *n.* 靴子

poor [pʊr] *a.* 穷的	tour [tʊr] *n.* 旅程	moor [mʊr] *n.* 荒野
pour [pɔr] *vt.* 倾倒	tore [tɔr] *vt.* 撕毁	more [mɔr] *a.* 更多的

cup [kʌp] *n.* 杯子	hut [hʌt] *n.* 小屋	color [ˋkʌlɚ] *n.* 颜色
cop [kɑp] *n.* 警察	hot [hɑt] *a.* 热的	collar [ˋkɑlɚ] *n.* 衣领

bite [baɪt] *vt.* & *vi.* 咬	fight [faɪt] *vt.* & *vi.* 打架	write [raɪt] *vt.* 写
bat [bæt] *n.* 蝙蝠	fat [fæt] *a.* 肥胖的	rat [ræt] *n.* 老鼠

beer [bɪr] *n.* 啤酒	fear [fɪr] *n.* & *vt.* 害怕	rear [rɪr] *a.* 后部的
bear [bɛr] *n.* 熊	fair [fɛr] *a.* 公平的	rare [rɛr] *a.* 稀有的

练就辅音正确发音对比练习卡

pear [pɛr] *n.* 梨	pat [pæt] *vt.* 轻拍	pan [pæn] *n.* 平底锅
bear [bɛr] *n.* 熊	bat [bæt] *n.* 蝙蝠	ban [bæn] *vt.* 禁止 & *n.* 禁令

time [taɪm] *n.* 时间	tie [taɪ] *vt.* 绑	write [raɪt] *vt.* & *vi.* 写
dime [daɪm] *n.* 一角硬币	die [daɪ] *vi.* 死	ride [raɪd] *vt.* 骑乘

coat [kot] *n.* 外套	lack [læk] *n.* 缺乏	pluck [plʌk] *vt.* 摘；拔（毛）
goat [got] *n.* 山羊	lag [læg] *n.* 延迟	plug [plʌg] *n.* 插头

vest [vɛst] *n.* 背心	vet [vɛt] *n.* 兽医	vine [vaɪn] *n.* 葡萄藤
west [wɛst] *n.* 西方	wet [wɛt] *a.* 湿的	wine [waɪn] *n.* 红酒

thick [θɪk] *a.* 厚的	thing [θɪŋ] *n.* 东西	think [θɪŋk] *vi.* 想
sick [sɪk] *a.* 生病的	sing [sɪŋ] *vt.* & *vi.* 唱歌	sink [sɪŋk] *vi.* 沉没

myth [mɪθ] *n.* 神话	math [mæθ] *n.* 数学	mouth [maʊθ] *n.* 嘴巴
miss [mɪs] *vt.* 错过	mass [mæs] *a.* 大众的	mouse [maʊs] *n.* 老鼠

breathe [brið] *vi.* 呼吸	clothe [kloð] *vt.* 使穿衣	breathe [brið] *vi.* 呼吸
breath [brɛθ] *n.* 呼吸	close [kloz] *vt.* 关闭	breeze [briz] *n.* 微风

loose [lus] *a.* 松的	race [res] *n.* 比赛	rice [raɪs] *n.* 米
lose [luz] *vt.* 输掉	raze [rez] *vt.* 彻底摧毁	rise [raɪz] *vi.* 上升

song [sɔŋ] *n.* 歌曲	same [sem] *a.* 相同的	sea [si] *n.* 海洋
shone [ʃon] *vi.* 照耀（shine 的过去式）	shame [ʃem] *n.* 羞耻	she [ʃi] *pron.* 她

jeep [dʒip] *n.* 吉普车	range [rendʒ] *n.* 范围	bridge [brɪdʒ] *n.* 桥
cheap [tʃip] *a.* 便宜的	ranch [ræntʃ] *n.* 农场	branch [bræntʃ] *n.* 树枝

RAM [ræm] *n.* 内存	ma'am [mæm] *n.* 女士	cram [kræm] *vi.* 死记硬背
rain [ren] *n.* 雨 & *vi.* 下雨	man [mæn] *n.* 男子	crane [kren] *n.* 起重机; 鹤

tame [tem] *a.* 温驯的	dam [dæm] *n.* 水库	lame [lem] *a.* 跛脚的
tan [tæn] *n.* 棕色的肤色	Dan [dæn] *n.* 丹（人名）	lane [len] *n.* 巷

sing [sɪŋ] *vi.* 唱	wing [wɪŋ] *n.* 翅膀	thing [θɪŋ] *n.* 东西
sin [sɪn] *n.* 罪	win [wɪn] *n.* 胜利 & *vt.* 赢	thin [θɪn] *a.* 瘦的

collect [kəˋlɛkt] *vt.* 收集	alive [əˋlaɪv] *a.* 活的	lice [laɪs] *n.* 虱子 (louse [laʊs] 的复数形)
correct [kəˋrɛkt] *a.* 正确的	arrive [əˋraɪv] *vi.* 抵达	rice [raɪs] *n.* 米

ham [hæm] *n.* 火腿	hat [hæt] *n.* 帽子	home [hom] *n.* 家
fan [fæn] *n.* 粉丝	fat [fæt] *a.* 肥胖的	foam [fom] *n.* 泡沫

wine [waɪn] *n.* 红酒	wet [wɛt] *a.* 湿的	wax [wæks] *n.* 蜡
vine [vaɪn] *n.* 葡萄藤	vet [vɛt] *n.* 兽医	vex [vɛks] *vt.* 使生气